一名小学教师最值得去做的，就是让学生因为有你，而在心中留下了童年最美好的记忆

为孩子创造一种自由、自如、自然的幸福生活

北京亦庄实验小学

亦小品牌教师书系

春天是用来挥霍的

李竹平　主编

济南出版社

图书在版编目（CIP）数据

春天是用来“挥霍”的／李竹平主编. —济南：济南出版社，2016.12（2023.5 重印）

ISBN 978－7－5488－2491－6

Ⅰ. ①春…　Ⅱ. ①李…　Ⅲ. ①教育研究Ⅳ. ①G40－03

中国版本图书馆 CIP 数据核字（2017）第 008666 号

出版发行　济南出版社
地　　址　济南市二环南路 1 号(250002)
印　　刷　肥城新华印刷有限公司
版　　次　2017 年 1 月第 1 版
印　　次　2023 年 5 月第 2 次印刷
开　　本　710 mm × 1000 mm　1/16
印　　张　13
印　　数　1－2000 册
字　　数　178 千
定　　价　42.00 元

相信教育的力量

（代序）

李竹平

孔子的“有教无类，因材施教”，不仅从人格平等、人人皆有受教育权的角度做到尊重每一个学生，还做到了正视每个人的差异性，为每一个学生提供适合的教育引导。从教育的追求来讲，两千多年来，孔子、苏格拉底等古代先贤的教育理念，始终是教育奉行不悖的“真经”。

孔子、苏格拉底，还有后世的雅斯贝尔斯、苏霍姆林斯基、陶行知等等，并非生活在一个没有地位高低、经济贫富，人人平等和乐的“理想国”里，他们为什么能够拥有共同的教育理念和追求呢？如果他们的教育理念和追求没有被人类所关注并被一代代教育人在实践中不断坚守与传承，人类文明的发展可能会是什么样子呢？或许，人类社会从组织形式到精神文明还会停留在混沌黑暗中吧。

孔子、苏格拉底也好，雅斯贝尔斯、苏霍姆林斯基、陶行知也好，他们在自己的有生之年里看到了自己的教育追求和实践带来的社会变革和进步，以及人们认识的转变和精神的突围了吗？很明显，应该没有。那为什么他们还以“虽九死其尤未悔”的精神执着于自己的教育事业呢？我想，那是因为他们都拥有矢志不渝的教育情怀，相信教育的力量——虽不能立竿见影，却能影响深远，那是因为他们心中始终充满希望，相信未来——教育起步在当下，追求的是比当下更美好的未来。

相信教育的力量，这是人类文明不断前进的动力。今天，我们生活在一个物质文明高度发达的时代，也是一个精神文明丰富多彩、意识形态多元化的时代，我们每天看到的、经历的，既有阳光积极令人振奋的人事物象，也不乏灰暗颓丧令人唏嘘的现实百态。在这个浮躁的社会现实面前，作为教师，我们亲身经历、切实感受着诸多的社会负面元素，慨叹人心不古，为自己成为弱势群体而心有戚戚，为家长不理解学生的“不争气”而无可奈何，为付出的努力得不到积极肯定而心生怨怼……因此，有教师开始应付了，开始做一天和尚撞一天钟了，甚至开始突破底线忘记自己是一名教育者了。然而，今天我们经历的社会不公或人心不古，孔子、苏格拉底、陶行知就没有经历过吗？他们相信，我们也相信，更美好的时代永远在明天在未来，所以人类社会才需要教育，需要教师。既然选择成为一名教育者，就必须站得高看得远，就必须拥有教育情怀，就必须心中燃着希望。

相信教育的力量，作为教师的我们才会看到更多的美好。当我们被某一个家长误会时，我们会想到更多的家长对我们的支持和认可；当我们为某一个学生“屡教不改”而对教育的力量产生怀疑时，我们会看到更多的学生在努力“向着明亮那方”；当我们感到暂时看不见拳拳付出得到回报时，我们会想想自己是怎样在老师的培养下成长为一名教师，而更多接受过教育的人也在社会中实现着自己的价值。

相信教育的力量，作为教师的我们才会对教育用心用情。不管你是名师还是草根，只要对教育对孩子用心用情，总会收获一份又一份朴素的幸福：学生一个灿烂的微笑，他们取得的点滴进步，甚至是他们经历错误时那份小小的紧张。《理想的风筝》中患有腿疾的刘老师，为什么能用自己的一言一行在每一个学生的心中放飞“理想的风筝”？……我们相信教育的力量，心中对教育充满了希望，便一心一意专情于这平凡的岗位，无怨无悔地付出真心真情与智慧。

相信教育的力量，作为教师的我们才会积极追求，不断实现专业成长。教育的对象是人，这注定了教师的工作是富有挑战性的，是需要不断研究、实践、反思的。正因如此，教师的工作也的确是神圣的。我们要能很坦然也很敬畏地接受“人类灵魂的工程师”的称号。也正因如此，我们会不断提升自己的专业素养，不断追求更高尚美好的境界，让自己的工作因为希望而充满诗意。

苏格拉底说：“每个人身上都有太阳，主要是如何让它发光。”是的，身为教师，心中就要充满希望，就要做个理想主义者，就要相信，因为我们的存在，因为我们的付出，因为教育，属于孩子们的明天会更好。

我们一边实践，一边思考，一边书写，因为我们不仅相信，而且迷信教育的力量！

目　录

陪伴成长篇

课堂故事篇

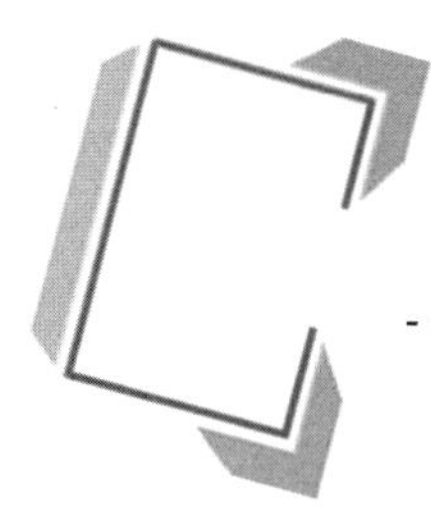

陪伴成长篇

但愿，少年不知“累”滋味

李竹平

自从与孩子们有了约定，每天晚饭后我都会和他们在空间日志里“煲”心思。这天晚上，我照样满含期待地打开孩子们的一篇篇日志，没想到这样的文字不断映入眼帘：

本以为能坐车去，到了南海子公园能够洒脱洒脱，玩得不尽兴不归。可现实总是那么残酷：我们去南海子公园的唯一交通工具竟然是“十一”路！在走着“两万五千里长征”时，同学们纷纷抱怨道：“啊，累死我了。”

今天下午，我们六年级去了南海子公园。刚听到这个消息时，我很高兴，因为我们既可以不上课，又可以领略美景。可是就在我高兴的时候，听到了一个惊天动地的消息——我们要走着去！

“累死我了！”我一回到家就喊。我为什么喊累呢？那是因为我们六年级今天去南海子游学了。游学还不算什么，可主要是走着去的！

……

当天下午组织全体六年级的孩子去南海子公园，本意是让他们亲近大自然，尽情享受一下午投身大自然怀抱的时光，因此，没规定他们干什么，比如读书、写生、摄影、收集落叶……或者发呆。听到要去南海子的消息，孩子们一个个兴奋不已。可也正如日志中写的，发现是要走着去，他们就开始先入为主地感觉到“累”了。

从学校到南海子公园有多远的距离呢？孩子们笔下的“两万五千里长征”实际上不超过2500米。正值青春年少，生龙活虎的男孩女孩，却因为这半个小时的路程望而却步，这的确令人深思。

所幸，孩子们的日志中也有这样的文字：

坐下，拿出事先就准备好的纸笔，静静地写着东西，我全身心地将自己与这些景色融在了一起。一直在写呀写，丝毫没有注意张嘉琦拿着包在我旁边坐下，伸着脖子欣赏我的作品……

这是一个叫洋的女孩写的。她自理能力很强，会独立制作可口的辣椒酱，为全家做营养好吃的正餐，会浆洗全家的衣服……这样的孩子，不会因为要步行去南海子而感到累，也只有不觉得累的孩子，收获才如此丰富，如此诗意！可惜的是，像这样用积极的心态享受每一次经历的孩子太少了！

我是70后，在农村长大，小学和初中都是每天步行往返学校。村子里的小学离家大概五六里路，塘埂田埂弯弯曲曲，下雨天泥泞湿滑，可我们从没有觉得累过。我参加工作是20世纪90年代初，在村子里的小学任教，每年组织孩子们春游，都是步行十几里去爬山，来回要花三四个小时，几乎没一个孩子喊累。孩子们一路欢歌，登山时争先恐后，还不停地发现着新鲜事物和新的快乐……

以前的孩子自己走着上学走着回家，如今，每天上学放学的时候，学校门口车水马龙，接送孩子的家长和各种车辆比孩子的数量还要多。有人说，现在的孩子没有“放学路上”，这实在令人惋惜。王开岭在《放学路上》中这样写道：“从前，上学或放学路上的孩子，就是一群没纪律的麻雀。无人护驾，无人押送，叽叽喳喳，兴高采烈，玩透了、玩饿了再回家。”现在的孩子呢？“他们被装进一只只豪华的笼子，直接运回了家，像贵重行李。”现在的孩子们失去了“放学路上”，也失去了很多很多——与同伴一路戏耍的快乐，一路“探险”的快乐，与大自然拥抱的快乐；锻炼身体的机会，自己管理时间的机会，与同学交流的机会……

我曾经针对孩子们在家庭生活和学校生活中极端依赖的情况，精心开展过“与家长面对面”活动，既以同理心表示对家长“无微不至”爱护孩子的理解，又以一颗教育初心指出孩子终将要成为他自己。那次谈话后，一些家长表示要反思自己“爱”的方式和行为。然而，今天来看，收效甚微。那么，这次是不是应该让孩子们互相启发一下呢？或许，那个不觉得累的女孩，能让那些喊“累”的男孩女孩明白点什么吧。

我决定第二天在课堂上和孩子们一起来讨论“累”的话题。

我整理了孩子们的日志，从其中选择有代表性的内容，展示给孩子们阅读，然后交流自己的想法。因为课堂上一贯的平等、宽松氛围，孩子们无论讨论什么话题都畅所欲言，从不掩饰自己的真实想法。

去年还赖着爸爸妈妈一起睡觉的泽说：“我听见有人说走去会很累，就觉得累了。还有，平时也没锻炼过，真的很累。不过，我在南海子拍下了很多美丽的照片，还算值得吧。”

……

为什么许多孩子会觉得累呢？我让孩子们想一想关键的原因到底是什么。从上学期谈话后开始学会自己管理自己的馨高高举起了手：“我觉得主

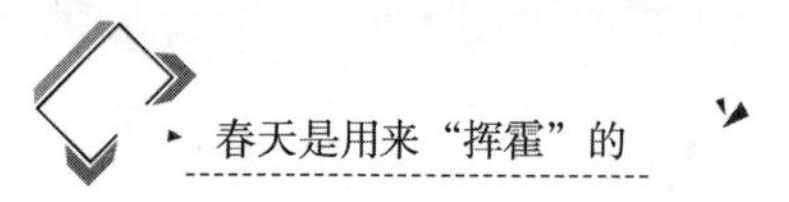

要是平时从没有走过这么多路，上学放学都是爸爸妈妈开车接送的，依赖惯了。”

也有孩子不同意了：“要走一个多小时呢，你真的不累吗?”

我提醒他们，实际上从学校走到南海子，只用了半个小时。他们张大嘴巴“啊——”，面面相觑。再回忆自己到了南海子之后都干了些什么，他们才发现，凡是纠结于累的人，原本想着到南海子能够在大自然的怀抱里撒欢的，却因为从一开始就担心回来又要走那么多路，“累”得干什么都没有兴趣。有没有不感到累的呢？只有三五个孩子举起了手。其中的一个孩子个子不高，却是班上的运动健将，他骄傲地说，每次去南海子，他都是跑步去的，根本就不觉得累。他还跟同学们分享了这次在南海子收获的快乐：和英语老师一起收集落叶，在草地上撒欢，欣赏游人在“海”中泛舟，寻找麋鹿的踪影……

是时候把洋的日志展示出来了，我希望孩子们能从中有所感悟。

洋又为什么不觉得累呢？她告诉大家说：“我不觉得累，有这样几个原因。首先，在家里，我什么都会干，从不依赖爸爸妈妈，所以觉得走着去南海子算不了什么。我还经常带着弟弟走到公交车站，乘车去图书馆呢。第二点，我觉得这是一次难得的与大自然‘拥抱’的机会，平时在家里就面对电脑电视，很无聊的。季节不同了嘛，南海子一定有令人期待的景色啊。还有一点，就是能跟好朋友一起去南海子，一路上有说有笑的，哪顾得上累啊……关键嘛，老师说过，有什么样的心态就有什么样的命运，我觉得这话很有道理的。”听了洋的话，有几个孩子迫不及待地举起手，说自己在家也会自己干些什么，说自己也是乐观的人，一脸的骄傲，更多的孩子低着头或者呆呆地望着别人，若有所思。

我也和他们聊起了自己小时候上学放学以及春游的故事。我告诉他们，老师小的时候每天上学要来回步行 20 里路，在路上游戏玩耍，下水摸螃蟹上树摘蘑菇，每天都生龙活虎精力充沛，从不觉得累；农忙的时候，每个小孩都要跟着大人下地干活，汗流浃背满身泥巴却还兴致勃勃地和小伙伴比赛；春游步行十几里路，登上高高的山顶，在山顶上联欢……直听得他们一个个睁大了羡慕的眼睛。

我想，不能期望仅仅一次聊天就会立竿见影地改变什么，至少，孩子们有了这样的一次自我反思，这样的一次经历，或多或少会有些收获吧。

当然，真正需要反思这种现象的，也包括我们这些成人。是啊，因为“累”，生活少了很多灿烂的阳光；因为积极面对，生命多了许多暖暖的诗意。那些被“累”累着的孩子，是谁从他们生命的底色里抹去了原本应该自由生长的诗意呢？

“早恋”二三事

耿子文

周五一进家门，我又开始滔滔不绝跟家人谈论班级里发生的各种事情。谈到精彩之处，妈妈突然感叹道：“哦，你教的学生都已经是大人啦!”我突然有点儿回不过神来，但马上回应道：“是啊，都已经十二三岁了，大一点儿的都十三四岁了呢!”

这句差不多自言自语的话，让我猛然想起了杜牧的名句“娉娉袅袅十三余，豆蔻梢头二月初”。是啊，这些孩子都已经进入生命中最美好的年华，他们的人生已经开始出现各种可能，也开始萌生各种情愫，其中，当然也包括所谓的“早恋”。

班上一个男孩子脾气的女生阳在自己的一篇日志中写道：“硕和他最好的朋友泽交换他们的秘密——告诉对方自己最喜欢的人是谁。我好想知道他们的秘密，可是不管怎么问，他们都不告诉我！我真的好想知道……”在很早以前的一次闲谈中，我就已经得知阳“喜欢”硕，而且也梦想着像硕一样成为一名医生。当我看到阳的这篇日志，突然特别能体会她当时的心情：那种暗地里期待着喜欢的人所说的恰好是自己的执念。但我也小小地惊讶，现在的孩子真的都已经确定自己喜欢的人是谁了么？的确，我们谁没有走过懵懂的青春，谁没曾默默欣赏着身边那个优秀的人？但其实，一个已经长大的我，根本不能肯定，在我当年那颗幼稚的心中，是否已经能够清楚地知道我所欣赏的是不是某个确定的对象。对此，其实我是非常遗憾的。

都说现在的孩子在网络的影响下，成为最早熟的一代。但是，我并不认为这是坏事，因为“熟”意味着“成长”。每一个人都必须成长，也要全盘接受“成长”对自己生命的洗礼。就这一点来看，“晚熟”就不如“早熟”。而作为教师，我鼓励每一个孩子成长，也包括成长过程中必须经历的“恋爱”的情感体验。可以想象，谁会拒绝一个努力上进的姑娘去做一名医生呢？即使这志向的确立仅仅是因为她小时候倾慕过的一名玩伴。当然，所有的成长必须在一个约定俗成的框架内，所以我们要做的不是拒绝“成长”，而是帮助“成长”向更好的方向延展。

我不能确定与硕交换秘密的泽提到的是哪个女孩儿，但我知道班上一位漂亮的小才女是一直欣赏着泽的。只是最近，这位小才女的生活稍稍起了一些波澜。

听说班上传出了一些关于小才女的绯闻，是关于隔壁班级的一位男孩儿的。传出绯闻的根源是小才女的邻座——一个聪明好动的男孩儿超。为了扑灭绯闻，小才女与邻座的超不分上课与下课地争论不休……

终于，在一次“哭鼻子事件”过后，我与小才女开始了推心置腹的谈话。

首先，我摆明了自己的态度：“老师并不反对你与男孩子成为朋友，甚至不反对你喜欢任何男孩儿。但是，我不允许你这样经常在其他人安心学习的时候，因为男孩子的事情哭鼻子。”小才女听了我的话，无比委屈，哭得更厉害了：“老师，我不是喜欢超！”她可能感觉自己要百口莫辩了。我拍拍她的肩膀，安慰她道：“我知道！我们不是聊过么，老师知道你喜欢的人肯定不是他！正是因为这样，你才要时刻保持自己的形象呀，不能哭鼻子，更不能在应该学习的时间做让自己哭鼻子的事情啊!”听到我说这些，小才女咬咬牙，立刻停止了哭泣。“你能够喜欢一个优秀的人非常好，说明你向往优秀，你就应该更加努力，让自己比现在还优秀，而不是为了那些无聊的谣言争论不休。而且你自己也确实是非常优秀的，所以才会有谣言和制造谣言的人出现。”我说到这里，小才女似乎决定不再追究邻座所犯下的错误了，她转而关心起其他：“老师，那我怎么办，他不会讨厌我了吧?”我望着她的眼睛，坚定地说：“不会！管理好你自己，让他看到更优秀的你!”

“早恋”是一种朦胧、单纯、相互的爱慕和欣赏，非常纯洁。任何一个人，都不能去扼杀美好与纯洁，而是要尽己所能，保护好这份美好与纯洁，不让恶意污浊了纯真的心。

班里有帮“女汉子”

高学雷

喜欢体育节目的我，习惯了中国体育阴盛阳衰的说法。可不明白的是，接手的这个班级怎么也继承了中国体育的“优良传统”？班里的女孩子个个都是“女汉子”!

口说无凭，实例为证。

今天的日志实在没什么好写的，那就来说说我们班的这些人。

A **类型**：“伪娘”型。我们班的学生都知道，这个类型一般都是针对程伟华、孙海菲这两个人的。程伟华说话时经常配上林黛玉小捏兰花指的动作。哎，真让人受不了！更让我受不了的则是孙海菲，女生能干的他都能干，更可气的是他唱歌音准极高，声音极好听。Oh my god!

B **类型**：“汉子”型。看到这条的时候，你可能在想我为什么不加

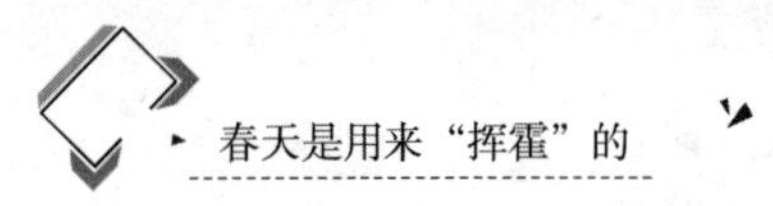

上个“女”字。实话告诉你吧，我们都已经不是“女汉子”，而是“汉子”了。像吴双月、汪慕瑶、孟庆欣、我等之类的。我们这类型的心中一直秉承着一个信念：男生干的我们也能干！

C **类型**：比较蔫儿但学习极好型。这类就是像华翰硕、舒广袖、任炳成之类的。虽然上课极少发言，在活动中极少出现他们的身影，但上课老师问的问题他都能回答，在活动中虽然极少出现，但他们还是参加活动的。像这类人，你可以去翻翻他们的试卷，每一次考试都在85分~100分之间，是老师眼中的“好学生”。

D **类型**：笑点极低学习极好型。这类，说的就是马孟欣、吴潇彤、孟庆欣、吴双月还有我！只要稍稍一句话，我们就会笑得地动山摇。我们都说过要变得高冷，但哪次不都是“站在冰箱上”说：“我变得高冷啦！”这群人虽然笑点极低但都有各自的特点，像马孟欣数学极好，吴潇彤天文极好，孟庆欣素描极好，吴双月追星极好，至于我嘛，就不说啦，都应该知道我的优点吧！

这年头，男的比女的瘦，女的比男的“汉子”。兄弟们，对号入座吧！

（这篇日志可能有点人身攻击的意思，这个嘛，相信你们一定不会追究的吧。）

这是宇的一篇名为《说说这些人》的QQ日志，写于4月21日，原封不动，照搬在此。文章是针对我班实情写的，可能有些地方看起来有些莫名其妙，但阴盛阳衰之势，一读便晓。

问问我班孩子，话更狠：咱班除了两个“伪娘”，没有女生！从上面宇的日志中“这年头，男的比女的瘦，女的比男的‘汉子’。兄弟们，对号入座吧”，可见一斑。

可不是吗，看看那些小男生也真够可怜的：女生说什么他们就得听什么，女生让做什么他们就得做什么！没办法呀，面对十足的‘女汉子’们，说又说不过，斗又斗不过，只得俯首称臣。

前两天，男女生发生了激烈的“争斗”，“祸”起即将举行的五六年级篮球友谊赛。

事情是这样的：

眼看六年级的孩子们将要毕业，体育组的几位老师就想让五六年级的孩子来一场篮球友谊赛。举办这次比赛的目的，一是让孩子们感受完整的校园生活；二是增进孩子们的友谊，增强孩子们的体质。当然这也是沿袭上一届毕业班的惯例。

老师们计划是让两个年级的男生比赛的，我班的“女汉子”们可不干了：这不是典型的“重男轻女”吗？于是向体育老师提出抗议，说要和班里的男生进行一场比赛，获胜者将有机会和男生一起参加篮球赛。老师只得同意，结果是“女汉子”们2：1获胜。这让本来已经选好队员的男孩子们受不了了，发生口角在所难免。

事情进一步升级。男生中天生好斗的豪一气之下，撕掉了女生花好多心血设计的篮球比赛海报，然后女生们到我这里告状。哎，这帮孩子！

事情并没就此结束，正应了宇日志中的那句——“我们这类型的心中一直秉承着一个信念：男生干的我们也能干！”

于是，在欣、薇等的策划下，“女汉子”们从上周三开始实施自己的作战计划：早7：10到校，进行体能训练；下午放学后找体育老师进行技术指导。她们铆足劲儿要参加下周二举行的篮球赛呢！

嘿，这帮“女汉子”们！

我在高兴她们做事有股认真劲儿的同时，内心却有隐隐的担忧：十一二岁的年纪，正是性格、思想形成的关键时期，如果真的这样“汉子”下

去，该如何是好？

作为一名长期奋战在班主任第一线的我深深觉得：这种班级现象，绝非一日形成，且非偶然现象。作为一名教育工作者，这不能不引起我们足够的重视。

问题既然存在且不容忽视，那我们就要寻寻原因，找找办法。我个人认为，原因有二：其一，现在的孩子大都是独生子女，娇生惯养导致孩子们养成“天不怕地不怕”的习气；其二是男孩女孩的生理发育不同步，女孩普遍要比男孩子发育早一到两年。这两个原因共同作用，出现“阴盛阳衰”的班级格局就可以理解了！

找到原因，那该如何改善这种现状呢？这需要家长和学校的共同配合，一方面在教育孩子的同时，老师要多和家长沟通，学校设立家长学校，指导家长的教育方法，为孩子们营造良好的家庭氛围，让孩子们接受良好的教育，懂得理解尊重他人。另一方面呼吁相关部门，是否在孩子入学时考虑到男女生生理年龄的差距，不要硬性规定男孩女孩统一 6 岁入学，女孩可以比男孩早入学 1 ~2 年，从生理学、心理学方面来说，这样更符合孩子们共同学习生活的实际需求。

不经意的伤害最可怕

陈 超

作为一名男教师，从教之初我就不断告诫自己，与学生相处时一定得控制情绪，千万不要因为自己一时脾气不好伤害了任何一位学生的内心。很多事情当你刻意去避免自然会少了很多麻烦，可更大的麻烦往往隐藏在那些容易被忽视的、不经意发生的事情上。

开学第一个星期，学生们都显得比之前乖了好多。当其他同学都在忙着赶作业时，瑶瑶主动跑到我面前问问题。这让我有点吃惊。她可是很少主动向老师求教的，看到她鼓足勇气，我也很珍惜她这次难得的“主动”。

题很简单，只是加“补语”。这个内容在现在教学中已经很少提及了，难怪她会有点摸不着头脑。在她看来，既然“要照样子把句子补充完整”，那就必须要一字不差。

瑶瑶坚持自己的想法问我：“按照你这么写跟例句就不一样了啊!”听到她依然在这里“胡搅蛮缠”我有点压不住火，气愤之下，我没经思考就回了一句：“你怎么这么轴啊！这里不需要一字不差地仿写，只要你能解释前面的内容就可以了。现在懂了吗?”

这句话说完我就后悔了，因为我当时是有点生气地吼着说的。刚说完，看着瑶瑶有点委屈地点点头，我看得出来，她已经在强硬地忍者眼泪了。我有点害怕自己草率的行为会伤害到她。

晚上回到家，瑶瑶突然给我发来一段话：

“今天，有一道题我不大会做，急忙去问老师，人家都说有什么问题请找老师，老师会为你解答疑问，所以我就颠颠地去找老师。我就是这样个人，脑筋总是不大会转弯，所以老师就说我：你怎么这么轴啊？这一句话说得使我的面子掉了一地。”

这句话犹如一盆凉水泼向我，我知道下午的事可能会对瑶瑶有些影响，但没想到会是“面子掉了一地”这么严重。为了不让这种情况愈演愈烈，我跟她约定第二天去学校再跟她好好解释。

也许很多人会认为，这不就是小孩子耍脾气吗？有什么需要解释的呢？然而，很多时候我们都是太愿意把小孩子当小孩，把自己当大人，才会造成我们与孩子之间的距离越拉越远，以至于最后很多本来很小的问题都无法沟通。

在我看来，瑶瑶下午之所以没办法理解我给她的解释，根本问题在于她从来不愿意主动去聆听、思考别人的话语，这是她长久以来接受的教育造成的后果。这个问题反映在她的学习上呈现出来的状态就是她学习不够主动。想到这里我更认为明天有必要好好跟她谈谈。

第二天再见面，我试图让她能够明白聆听与思考的重要性。看得出来，瑶瑶是听懂了我的话。当我说完之后，她反问我：“那如果什么都听别人的，最后迷失了自己，这又该怎么办呢?”我很高兴，她真的听进去了。

“所以我才跟你强调要学会思考啊。当你听到别人的观点，要通过自己的思考去分辨，哪些是你需要认可的，哪些是你需要去忽略甚至反驳的。这样你就不会被别人的观点左右啦!”

虽然我知道瑶瑶不会马上就能理解我的话，但我依然感到欣慰。当看到她露出那一抹童真的笑容时，我才真正松了一口气。如果我没有及时与她沟通，很可能我出于好心的不经意伤害，会深深地打击到她脆弱的心灵。

现在想来，可能在瑶瑶的心里，她并没有那么脆弱。但是，如果我不去反思这件事情，就把它当成很小的一件事略过去。一旦造成什么影响，岂不是真就成了不经意的伤害。如果真是那样，就真的可怕了。

“家长有约”

李竹平

把家长会开成“鲁豫有约”的形式实在是不敢想象的，“一段段窝心的真情，三千六百秒赤诚对话，千万次殷切回响”，这样的效果更是不敢奢望。但是，如果家长会上能够让家长、孩子以及老师都以真诚而平等的姿态“说出你的故事”，该是最好的教育愿景吧。

无论是作为教师还是作为家长，我参加的家长会不少，但几乎都是家长们同时参加的集体性家长会，内容不外乎就是听听班主任、授课老师的报告、要求和期望，对于具体的学生，并没有多大的针对性，解决不了属于他们自己实际而迫切的问题。毕竟，每个学生都是性格、态度、能力不一样的个体，家庭环境也千差万别，需要沟通和解决的问题各不相同。看清了集体性家长会的不足之处，我就想着怎样的家长会才能对具体的学生真正有帮助。没来由地想到了“鲁豫有约”，便设想着，如果与每一位学生的家长面对面，在环境宽松优雅的聊天室坐下来，很轻松地聊天——“说出我们和孩子的故事”，应该是不错的选择吧。“家长有约”就这样“开播”了——当然没有观众，每次只有一个孩子和他（她）的爸爸妈妈。

我向每个孩子的家长发出了邀请函——首先让家长明白，不是孩子犯错了“请家长”，而是我们共同寻找一个好时机，像“鲁豫有约”一样聊聊孩子的成长；再在班级QQ群里一一预约了时间，“家长有约”便拉开了序幕。大多数孩子的爸爸和妈妈都来了，也有一部分孩子的家长因为工作太忙，很难同时抽开身，只能是爸爸或者妈妈一人“有约”。

家长们习惯了一来学校就谈孩子的学习情况，盯住孩子们学习上的不足，作为班主任的我，希望了解的则是孩子的全面生活，通过气氛宽松的聊天，在孩子的教育和成长上达成共识。或许，家长们没有想到这一点，他们在聊天室坐下来，话题一聊开，就不想结束了。几乎每一次，我都不得不提醒“节目”时间到了，客气礼貌地将家长送出去。接连几天的“家长有约”，有点疲倦，更有收获累累硕果的踏实——我和家长重新认识了每一个孩子，了解了孩子具体行为背后的故事，也重新认识了各自的角色地位，明确了学校教育和家庭教育共同努力的方向。

“鲁豫有约”向观众和邀约人传递的是真诚和正能量，为促进孩子们健康成长的“家长有约”更应该传递真诚和正能量，要尽量避免把“家长有约”变成了用放大镜找学生的缺点——学生的缺点肯定需要正视，但落脚点应该是发现孩子的优点、亮点，同时共同探讨和协商引导孩子克服困难、改正缺点，走向优秀的恰当路径，这是我们必须共同把握的方向。否则，就与我们大家“都懂的”找家长谈话没有区别了。

扬的爸爸妈妈如约而至。我们在聊天室坐下，“节目”开始。“家长有约”首先就是为了加强学生、家长和老师之间的沟通，话题当然从“交流沟通”开始。我问扬：“在家经常与爸爸妈妈聊天吗?”扬犹豫了一下。十一岁的孩子，不再如七八岁年级的孩子那样单纯，她或许是在判断，老师的问话里是不是藏着什么玄机吧。我冲她笑笑：“别紧张，我们就聊聊天，像平时下课时间一样聊聊真心话呗。”——我和孩子们在课下是无所不谈的

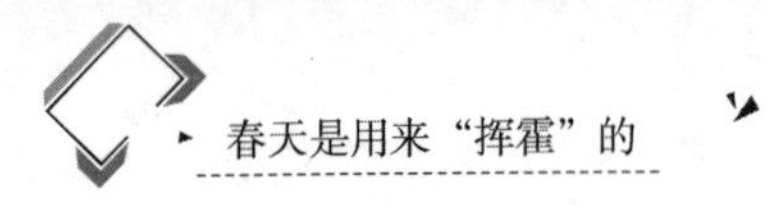

好朋友。扬放松下来，告诉我在家里只跟妈妈聊天，不跟爸爸聊天。我问为什么，这时扬的爸爸插话了："我工作忙，没时间。"听爸爸这么说，扬咬着嘴唇，似乎受了什么委屈。我问她如果有时间与爸爸聊天，会主动与爸爸聊些什么。扬突然哽咽起来："我就想问问爸爸，为什么别的孩子在家时有爸爸陪，我却没有？"扬的爸爸妈妈或许都没有想到乖巧的女儿会有这样的心思，你望望我，我望望你，有些不知所措。过了一会儿，妈妈对扬说："孩子，你得理解你爸，他每周才能回家一次，周五回来的时候都晚上九点多了，周六又要去上班。"

接下来我们讨论了爸爸为什么要这么辛苦，扬慢慢理解了爸爸的无奈，爸爸也表示以后有空会多陪陪扬。的确，他们远离家乡，到北京来打工，无论是家长还是孩子，都不容易。但是，如果没有这次"家长有约"，扬想对爸爸说的话不知什么时候才有机会表达，说不定时间长了，会成为他们之间情感交流的隔阂——扬近来总是心事重重，学习经常走神，原来对父爱的渴望成了她的心事。

我们又聊了扬学习的问题。爸爸妈妈考虑到扬快六年级了，语数英成绩都不够理想，是不是应该不再让她学习绘画了。绘画是扬的爱好，她的画画得很不错，不仅得过奖，还在小学生杂志上发表过画作。其实，她学习很认真，语数英的成绩已经是努力过的结果了。我们自然聊起了孩子长大后怎么选择努力的方向，最后达成了共识：扬喜欢绘画，学习也很认真，还是让她继续学下去。原本预约半个小时的"有约"时间，不知不觉聊了近一个小时。让人高兴的是，离开聊天室的时候，扬和爸爸妈妈都十分开心。

开诚布公、无拘无束地聊天，讲的是孩子们最真实的成长故事，用心感受这些色彩缤纷的故事，其中无不隐含着孩子们成长的密码。泽的爸爸妈妈比约定的时间稍早到了学校，我正在与另一个孩子的家长聊天。泽的爸爸每过一会儿就到聊天室门口望望，这让我想到了泽那急急火火的性格。

在我的眼里，泽大多数时候是一个充满自信的男孩，可有时又让人觉得他脆弱而敏感。随着聊天的深入，终于明白泽何以有如此矛盾的表现。泽的爸爸经常带他与朋友聚会，鼓励他主动与人交往，塑造了他阳光的一面；但是，身高 1.6 米的泽，每天晚上都和爸爸妈妈一起睡觉，因为他怕黑。说到泽还和爸爸妈妈睡在一起，我们都忍不住笑了，泽也不好意思地笑了。意识到自己已经是大孩子了，泽自信满满地承诺："从今晚开始，我一个人睡自己的房间！"后来的跟踪了解证明，泽从这一天开始，真的克服了恐惧，自己一个人睡了。

"家长有约"中发现优秀孩子成长的密码，比集体参与家长会时家长交流的教育经更加真实。晶善良、勤奋、善解人意，在学校里，除了数学成绩稍稍逊色，几乎没有什么可以挑剔的。照理，我们会认为，晶的爸爸妈妈一定具有高人一筹的家庭教育经。没想到的是，关于家庭教育，晶的爸爸妈妈说不出任何与众不同的好经验来。原来，他们到北京来打工，做的是为宾馆餐厅清洗桌布的工作，每天忙得没日没夜，很少有时间陪伴孩子。每天两个孩子放学回家，自己做完作业，会主动帮爸爸妈妈的忙。只是爸爸妈妈从不埋怨工作的辛苦，每天给孩子们的印象就是勤劳、乐观。或许，就是这样的生活态度潜移默化地影响着孩子吧。

"家长有约"的目的是为了让孩子们向更好的方向发展，优点要表扬，缺点也要正视。尤其现在大多是独生子女，孩子身上的小毛病往往都是爸爸妈妈宠出来的，需要爸爸妈妈做出改变。馨是一个看上去很可爱的小公主，活泼、积极，爱读书。刚接触时每个老师都会喜欢她，时间久了，就会发现这个小公主有些毛病十分突出。每时每刻，她的课桌上都堆满了各种物品：书、本子、文具、玩具，更多的是水果、零食、果皮和零食包装袋。表面上，她做什么都很用心，事情的结果却出人意料，感觉她根本就没用心。"家长有约"让我看到了她在家里的画面：一边吃着零食一边写着作业，作业写完了，书桌上的零食包装袋也堆满了。妈妈不来收拾，书桌

上的包装袋就扎下了根。馨的妈妈说，就她一个宝贝孩子，爷爷奶奶宠，爸爸妈妈爱，不舍得让她干任何家务活。我表示理解，也表示担心，馨长大了仍然是这个样子，到时候该怎么办呢？问问馨自己愿不愿意始终做这样一个生活上的依赖者，馨有些不好意思，摇摇头说不愿意。馨的妈妈也有点不好意思，意识到这样溺爱可能会害了馨。于是，我们有了“君子约定”，从今天开始，馨要学会收拾自己的东西，养成良好的生活和学习习惯，而且要学会做力所能及的家务活。没想到这次“家长有约”竟然起到了立竿见影的作用，馨很快就变了样。用馨自己的话说：“学会自己管理自己的事，也不是什么难事嘛!”

“家长有约”，让做老师的我对学生了解得更深入，也能针对性地反思自己的教育行为。博是个活泼伶俐的男孩，各项学习成绩都很突出，以前与同学相处融洽，可是最近一段时间与同学闹了矛盾，就将责任推到对方身上。我以为他可能是骨子里有点自以为是，因为在以前的班级里他一直担任班长，所以我批评他好几次，教育他要学会包容和大度。“家长有约”时，我和博的爸爸聊起了他们家的事，才知道博有一个两岁的弟弟。近来因为弟弟的原因，博在家就不再像以前一样阳光欢乐，对弟弟的态度也不好。博说这不能怪他，很多时候本来就是弟弟不对，妈妈却总是说自己是大孩子，要让着弟弟，他不服气。我联想到他在班上与同学闹矛盾的表现，意识到要让他有所改变，必须从他与弟弟的关系体验上入手。后来我与他聊天，也谈了自己跟弟弟间也有过像他一样的“不服气”。几次聊天之后，他似有所悟，也渐渐变得大度起来，更令人欣慰的是，我从他的日志上读到了他喜欢弟弟，夸弟弟可爱的文字。

“家长有约”，赤诚对话，故事不断，这些故事很琐碎，但很真实，让我们一起看到了孩子全面而立体的生活，找到了一把打开教育之门的钥匙。

让我对这种或许会被人们认为是“新瓶装旧酒”的家校沟通方式充满信心的，是“家长有约”后的收获。以前几乎从不向我吐露心事的学生，现在有了心思会主动找我聊天，把我当成知心朋友，一起争论、探讨、倾诉、分享……孩子们刚刚步入青春期的门槛，开始与家长有“冲突”了，一些家长也找到我，让我帮着分析分析原因，支着想办法，或者干脆请我当调解员。这样和谐、信任的氛围，让我乐意充当“大使”角色，每次都有令自己骄傲的收获。

这次的“家长有约”之后，我真真切切看到了孩子们最“给力”的成长。所以，“家长有约”，还会继续……

聪明的孩子有点儿“淘”

高学雷

二十多年的班主任经验理性地告诉我：聪明的孩子大都有点儿“淘”。就拿现在的班级来说，同样印证了这一点。

聪明孩子无疑都是聪明的，但聪明孩子的“淘”却各有各的不同。可以简单地把他们分为如下类型：捣蛋型、情绪型、懒惰型等。

捣蛋型

彤就是这样的孩子。

上周三上午，彤因腿伤免上体育课，他便从图书角拿本喜欢的课外书，待在教室里读书。读着读着他就不安分起来，来到我的办公桌边，和我海阔天空地闲聊。聊了一会儿，我看到听写时收上来的“好词好句荟萃”还放在办公桌上，就让他帮着发下去。捣蛋的事情就这样不经意间发生了。

“哎呀，我的“好词好句荟萃”上被谁写上了一句英语?”

“啊，我的也是!”

“怎么可能？我的也有!”

“快看看你上面写没有?”

“我也被写了!”

……

上完体育课的孩子们回来后，疯了似的叫嚷着!

“除了‘赵姐’没被画之外，大家都被画了!”

“真是欺软怕硬呀!”

“谁干的？以为我们好欺负?”

“找出来，看我不整死他!”欣发狠话了。

……

经过大家一番缜密侦探，“罪犯”终于浮出水面——

不错，就是上节课发本子的彤！听说他是不打自招的那种，主动坦白是自己干的。

当问其这样做的原因时，“就是感觉好玩而已”，彤轻描淡写地应了一句，脸上依然挂着他的金字招牌——永不消失的微笑。

班里不乏其人：博、洋、豪等都具有这样的“气质”，有了他们这帮捣蛋鬼，大事不犯，小事儿不断，整天让人不得消停。哎，真是不胜其烦呀!

情绪型

欣就是个典型的例子。

提起他，六年级无人不知，无人不晓。刺儿头是出了名的！无论什么时候，无论什么地方，他要是来了情绪，可够人受的。

今天，进行单元检测，习作的题目是《我心中的秘密》，欣找到我，有了下面一段耳语:

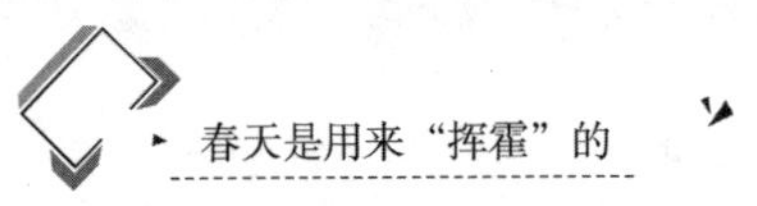

“老师，既然是秘密，怎么能写出来呢？”

“秘密就一定不可以公开吗？”

“公开了还叫秘密吗？谁的秘密愿意公开？”

“你把这里的秘密理解得过于狭窄了。”

“题目要求还必须写真实的事情，这不是‘霸王’题目吗？”

“不就一个习作题目嘛，你题目审得很到位呀！”

“老师，这是您要求的呀！求求您，不写了行吗？”

“最后这句话才是你最终的目的吧！”

“不是，老师，我真的没有秘密！真的，真的，真的——”

……

见我不再理会，他悻悻如机器人般挪回座位。

不过，这种情况还算没有来大情绪。如果来了大情绪，下跪、磕头、满地打滚，死咬着你的裤腿不丢，这些他可都能做得出来。

女孩子们里面的超也属此种类型，谁要是惹急了她，只一嗓子，简直能把教室的屋顶给掀翻！

懒惰型

硕就是个代表。

硕的学习一直不错，可她的懒惰情绪也是不容小觑的！

只要听说检测，她总是把眉头一皱：“怎么又检测呀？老师，我头疼呀！”

只要听说做操，不管什么天气，她总是把窗帘一掀：“老师，您看，雾霾呀，还做操？”

只要听说劳动，她总是脚底抹油，比谁溜得都快！

……

其实，这应该是一种合理的小学班集体现象，孩子们的聪明才智，可能就在这些不经意的捣蛋、情绪化、“投机取巧”的环境中悄然萌生。经验告诉我们，也许这个时候，孩子们的成绩并不一定理想；也许这样的氛围，孩子们的习惯并不一定良好；也许这样的环境，孩子们的性格并不一定乖顺……但往往是这样的孩子才会创造奇迹！

越淘气的孩子越聪明，好像就是这个道理！

你会做得更好

陈 超

班里孩子让我最头疼的就是他们的学习主动性太差，往往需要老师把学习内容布置得非常清楚，他们才有可能去执行。即便这样，最终效果也不是很好。在这些人中，旭算是最突出的一个。

说实话，如果抛开学习不谈，旭是一个非常招人喜欢的孩子。模样长得好，脑子灵光，平时交流也很大方，但是唯独在学习上太过于懒散，这让我头疼不已。刚入学时他还“伪装”一下，可是不出一个月就原形毕露，作业字迹潦草、敷衍了事，甚至很多时候干脆不交作业。这一度让我非常恼火，我想找他家长谈谈。旭大概是出于害怕，总是以家长工作忙为借口搪塞我。有一次我实在忍无可忍，拎着他的书包把他拽到操场上，扬言除非他家长来，否则不让他再上课了。

我当然只是吓唬他一下，没想到旭居然流下了眼泪。他哭着跟我说，这次之所以没交作业，是因为没有时间写。我纳闷得很，平时作业留得不多啊，怎么会没时间写？我只好听他继续把事情讲清楚。原来每天回到家里，妈妈总会给他布置许多课外习题，非要写完才让他睡觉。这导致老师平时留的作业他都没时间完成，可他又不敢跟妈妈说。见他说得真诚，我暂时相信了他，让他回到班里“听候发落”，随后联系他的妈妈，结果真如旭所说。

发现这个问题后我及时跟旭妈沟通，让她了解学校作业的重要性，告诉她并不是多做题就对孩子的学习有帮助，还要懂得合理分配时间。事后，我再次把旭找来，告诉他以后要先以学校的作业为重，课外练习要在解决学校学习任务的基础上再进行补充，否则就是本末倒置。他似懂非懂地听完了我的话，大概还是惧怕回家妈妈继续布置任务。我也没有再多说什么，只是告诉他：“旭，只要你能把每天老师布置的任务按要求完成，你一定能做得更好。”

在这之后的一段时间里，旭的作业开始有所好转。先不说是否都能保证高正确率，起码不交作业的次数少了。偶尔有一两次，也会主动跑来跟我说，并且保证当天一定及时补上。看到他积极主动的变化，我还能再要求什么呢？

进入六年级后，旭学习起来明显比其他同学吃力。既要掌握新的内容，又要复习之前学过的内容，这对过去落下许多基础知识的旭而言肯定难以应付。果不其然，旭的作业又开始出现敷衍的迹象。

发现这个问题后，我立即找到了旭。他向我坦诚了现在的困惑，好多字词之前都不认识，现在又要学新课，忙得自己不知所措。我看得出来，旭这次并不再是对学习怠慢，而是他真的力不从心。我很开心，因为旭已经开始知道为学习的事情着急了，不再是过去无所谓的样子。面对这种情况，我及时调整了旭的学习任务，要求他先把重心放在新学的内容上，不能顾此失彼。关于复习内容，也不需要全都照顾到，只要每天把字词抓好就可以。这次我依然告诉他：“旭，只要你能做到每天把字词的任务按照要求完成，你的语文一定会学得更好。”

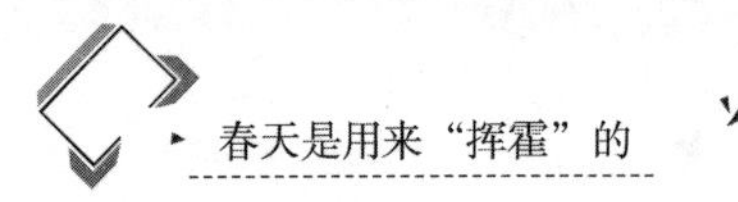

看到自己的学习任务减少，并且目标更加明确，旭再次燃起了学习的信心。在这之后的每次测试中，旭的基础字词基本都能保证不丢分，这是他用心打好基础的结果。过去凌乱的作业本，现在开始变得有条理，这是他认真对待学习任务的体现。最让我吃惊的，是最近一次的作文作业。这次作文我布置的是一篇观后感。第一次交上的作业，班里大部分同学都是简单介绍书的内容，根本没有涉及自己的感受。针对这个问题，我集中讲解了一次读后感应该从哪几个方面进行撰写，之后又让他们全部再写一遍，我想看看有多少人能掌握读后感的写法。

当看到旭的作文，我感到很意外。旭的读后感真的是按照我课上讲的去写的，要知道在以前，他可是把老师的话当耳旁风。课堂上我并没有额外地关注他，但是他自己已经能够理解老师讲到的每一个对学习有帮助的知识点，这让我很欣慰。我迫不及待地把我的喜悦与他分享，虽然他的作文并不算很完美，我又给他指点一二，然后我表扬他认真学习的态度并再一次告诉他：“只要你以后还能这样认真听讲，老师相信你还会做得更好。”

旭“哦”了一声走掉了，回到座位上又开始跟同学说说笑笑。我知道他不可能因为我的这句话立刻燃起学习的斗志，马上变成一个勤奋刻苦的孩子。但是每一次的“你会做得更好”之后，我都看到了旭的变化。看着孩子一点点地变好，你还要求什么呢？这就足够了。

你自己能解决吗

李竹平

小广又蹙着眉来到我身边："老师，佳琦拿我的书不给我。"这个瘦瘦高高的男孩，几乎每天都要过来告状，多数时候是因为别人招惹他了，也有时候是因为与他无关的事。以往，考虑到他有点"憨"同时性格既有点倔强又有点懦弱，容易在喜欢恶作剧的同学那儿吃亏，我通常会问清事情原委，批评招惹他的同学两句，安抚安抚他的情绪。仔细想想，也没什么大不了的事情，不过是游戏成真或者一不小心之类。但是，作为一名十一二岁的学生，他自己的感受才是最真实最重要的，他觉得自己受到了伤害，做老师的不以为然，更会使他觉得没有得到尊重，心生委屈。

其实，班上这种向老师告状的情况几乎每天都会发生。很多孩子反映的都是司空见惯的"小事"，诸如谁说了自己难听的话，谁把自己的书弄脏了，谁站队时故意推搡自己等等。很多老师都喜欢充当"法官"的角色，一有学生告状，马上"升堂审理"，听完"原告""被告"的陈述，做出自认为合理公正的裁决。还有的老师为了减少麻烦，让这种纠纷自然减少甚

至消弭，公开鼓励告状行为，并做到一经查实，"严惩不贷"。结果，顽皮的被迫消停了些，告状的却从告状行为本身找到了自己的存在感，以告状为荣。

意大利教育家玛丽亚·蒙特梭利认为孩子喜欢告状或打小报告，是因为他们所处的年龄阶段正在确立对错观念。尤其是一二年级的小学生，他们正处于是非观念养成的关键期，期望把自己不能判断的事情告诉老师或家长，来获知到底是对是错。美国小学教师玛西亚的实际经验是二年级的孩子最爱告状。他们这个年龄开始对规矩和制度有初步概念，产生"规则意识"，一旦发现哪位同学没有按照老师定下的规矩做事，就喜欢打小报告，他们想看看老师的反应如何。这样看来，面对七八岁的孩子，老师认真地对待他们的告状，对他们形成基本的是非判断和规则意识是有帮助的。问题是，如果学生年龄增长了，年级升高了，仍然喜欢告状并以告状为荣，就值得我们警惕和反思了。

我想，学生如果到了小学高年级还热衷于告状，要么是他从告状的行为中获得了赏识从而认为这种行为是值得提倡和发扬的，要么是他习惯于依赖老师的权威解决哪怕微不足道的问题，全然没有自己解决矛盾冲突的意识和能力。无论哪种情况，对一个人的成长发展都是不利的。前者会导致道德认知的扭曲，后者会养成依赖人格。所以，包括小广在内，我对班上的告状现象产生了警惕，努力寻求科学合理的处理对策。对于其他的学生，我的解决办法很简单，认真倾听他们的诉状，然后征求他们的意见："你觉得自己能很好地解决这件事吗?"有时看见他们信心满满地离开，我很快就会忘了这事；有时感觉事情可能不会解决得很顺利，就会跟踪一下，问一问他们是怎样解决的，结果怎样，因人制宜地进行方法和态度的引导。针对小广这样的孩子，我一定会多用点心。

记得上一次，小广哭着鼻子说梓昂骂他是"孙子"。这说明在他看来不是小事。我放下手中的笔，认真地听他讲事情的经过。他很激动，声音颤抖，语无伦次，大意是他正在与同桌玩“儿子孙子”的游戏，梓昂掺和进来，骂他是“孙子”，还打了他。他像这样情绪激动地来告状已经不是第一次了，大多数时候都是别的同学不会放在心上的小事。虽然他对事情的判断和认知与其他同学不一样，我还是希望他能学会自己解决这类事情。我注视着他的眼睛，问他：“你觉得自己能解决这件事吗?”他愣了一下，接着又开始诉说起来。看来，还是不能指望他自己解决。但是，很明显，这真的算不上伤自尊的大矛盾，我总是替他出头，他怎么能有所成长呢？我决定换一种方式。

我请他回到座位上，让学生们安静下来，然后开始当着同学们的面调查事情的真相。考虑到他的同桌坐在他和梓昂中间，应该最了解事情的经过，我就请同桌说说是怎么回事。同桌告诉大家，他与梓昂一起玩“儿子孙子”的游戏，梓昂冲着他喊“孙子”，正好小广转过脸来，认为梓昂在喊他“孙子”，他便毫不犹豫地回敬梓昂“孙子”，梓昂干脆真冲着小广喊声“孙子”。小广不干了，先动起手来，梓昂虽然个子小，动作却灵活，将小广打疼了，小广便找老师告状了。这时小广马上抢过话来，说梓昂就是喊他“孙子”了，是在骂他。这时，坐在对面的女孩欣颖举手，示意有话要说。她告诉大家她看见了事情的经过，如小广的同桌说的情况一样。唉，显然，小广来向我告状时，对事情的起因和经过进行了趋利避害的“改编”。

我不想当着同学们的面批评他，而是让同学们说说自己遇上这种产生误解闹出矛盾的情况，会怎么处理。很多人都说当作游戏就是了，没必要往心里去的。小广虽然还一脸委屈，我也没再理会。事后，我将小广叫到身边，叮嘱他以后与同学发生矛盾，先静下心来想想，自己可以怎样和同学化解矛盾，友好相处。大概刚才的委屈已经被淡忘了，他点点头。我笑着问一句：“真的行吗?”他也露出了笑容，自信地点头：“真行!”

当然，下次发生类似的事情，小广可能还会来告状。这不，文章开头

的一幕出现了。我没有细问原委，望着他的眼睛，过了一会儿微笑着一字一顿地问他：“你能自己解决吗?”他幡然醒悟的样子，不好意思地“哦”了一声，转身走了。也许，我们会担心学生自己解决问题的能力，但是，真正的能力只有通过自主的实践才能习得。如果学生真的缺乏这种能力，我们给予支持的时候，就要将重心放在方法的指导上，促其逐渐提高自己解决与同学相处中的问题的能力。

不用怀疑，再下次，小广还会来的。我呢，肯定还会问他：“你自己能解决吗?”或许，次数多了，小广就慢慢地，不仅学会自己处理，还学会怎样和同学相处了。

“你能自己解决吗?”我希望这样一句简单的询问能慢慢促使每一个孩子学会用积极、包容的态度与人相处，学会自己解决与人相处过程中发生的“纠纷”，能从小懂得不做一个告密者，也不做一个依赖者。

豪的“超级豪放”

高学雷

周五，长青老师走进教室，对我说：“你看，豪刚刚拿着这个东西用力地往墙上扔呢！被我看到了。”我盯着长青老师手里的器物——一个异常锋利的齿轮状圆形金属利器，好家伙，这东西打在墙上就是一个洞，如果不小心碰到同学，后果不堪设想。

“这孩子，真的有点儿暴力倾向，做这种事不是一次两次了。也和家长沟通过，家长也承认孩子确实如此。”我语气中充满担忧。

“眼看快毕业了，这帮孩子还让人如此不省心！”长青老师也慨叹着。

说起豪，他外表看来给人的印象是黑黑的、瘦瘦的，一副弱不禁风的样子，但了解他的都知道，他的劲儿还是蛮大的，整天上蹿下跳，没有消停的时候。我接班尽管不到一个学年，但豪的“超级豪放”真的让人超级头疼。他做的明显带有暴力倾向的事儿还真是不少。

篮球，成了武器

“老师，豪拿篮球砸我！”一女生哭着鼻子找我告状。

“就是的，老师，你看，她头上的疙瘩。”一同伴边说边指给我看。

可不是，那受伤女生的额头上明显起了个小包。带着女生到办公室处理了一下，并进一步询问孩子是不是头疼等，确认并没有太大问题后，我就让她先回班休息去了。

我找来豪，了解情况。豪倒是很坦诚，说就是他砸的，原因是女孩说他篮球技术烂，进一步补充理由：“大丈夫，最怕人家说无能了！所以我火冒三丈，拿球砸了她！”看着他习惯性梗脖子转头的动作，想着他那有点幼稚的理由，我真的可怜起这个盲目自大的家伙来！

“欺负一个弱小的女生还算大丈夫?”一句反诘，让豪红了脸，低了头。

矿泉水瓶，成了“手榴弹”

一天，在放学接送的点，宇的妈妈向我告状：豪在科学课上用矿泉水瓶砸到了宇。这时正好豪的妈妈也来接豪，于是当着两个家长的面，我把两个孩子叫到跟前，问明情况。

原来，科学课上，因为宇不中听的一句话，火爆脾气的豪就用矿泉水瓶重重地砸向宇。

宇进一步补充，豪用东西砸她已经不是第一次了。可不是嘛，我记得上一次宇就哭着说豪拿橡皮还是什么打中了她，虽然我当时已经及时处理并警告了豪，但他依然屡教不改。

宇的妈妈情绪很激动，当着豪妈妈的面警告豪，一旦再有这种情况发生，不会轻饶了他。豪的妈妈只有道歉的份儿。看着豪那副窘样，我以为他该吃一堑长一智了。但事情远没有想象的那么简单，豪似乎一点儿记性都没有。

飞脚，踹向同学

一次，隔壁班的同学蕊到三班找英语老师，因级部临时开会，老师们都不在教室，于是头脑发昏的豪因为以前两个班级的小摩擦，和蕊发生口角，在其他同学的怂恿下，飞脚踢向了蕊。

会议结束，当蕊捂着肚子找到班主任陈老师，那时的豪早已吓得逃之夭夭。尽管我打了很多遍电话，但不知什么原因，就是联系不上豪的家人。

第二天，蕊的家长来到学校要个说法，豪的家长总算也来到学校，双方家长都还算通情达理，最后达成一致意见：豪的家长带蕊到医院做个检查。检查结果出来后，孩子好在没有什么事情。但豪的一系列行为确实是不小的事情……

写到这时，突然班级 QQ 群闪烁，我点开一看——

博发言：星期五豪干了四件坏事！

宇跟帖：哪四件？

博回帖：一是骂老师。

博补贴：星期一再告诉你。（呵呵，这家伙似乎意识到在群里发对自己不妙。）

……

看样子，周一又有“好戏”看了。

曾和几位老师聊过这些关于特殊孩子的教育问题，大家都慨叹：这样暴力倾向异常明显的孩子，待在学校里对其他学生而言的确存在很大的隐患。可现在的学校又没有权利不接受这样的孩子。我想到前两天看到的一篇文章，大概说的是西方哪个国家记不清了，他们也是把这些有明显攻击性或者有些特殊情况的孩子放在普通班级里进行教育教学的。只是人家每个班都配有一个专门负责这个孩子的特护老师，这名特殊的孩子时刻在这个特护老师的监督之下，这样的话既能对这个孩子进行很好的督促，也能避免影响到其他孩子。希望我们的教育也能考虑到这些因素，真正为每个孩子的成长保驾护航！

找家长与找警察

李竹平

选择动画片《抢劫坚果店》与孩子们一起观看，除了跌宕起伏的故事情节、出人意料的结局值得细细品味，这部片子能让人感受到温馨的友情、真心的付出、超凡的智慧，对于儿童来说，这是一部充满情趣的童话。

和孩子们一起看电影，我有一个习惯，常常在某个情节点上暂停，与孩子们一起探讨人物和剧情。这么做不但没有影响孩子们观影的兴趣，反而让他们看得更加投入，趣味盎然。这次也不例外。剧中有个为主角松鼠赛里偷坚果车上的坚果做铺垫的环节，讲的是一个小女孩来到坚果车前买坚果，以小贩身份为掩护正在收集银行信息的抢劫犯摩尔无心理会小女孩，不耐烦地轰她走开。小女孩指着写有“OPEN”的告示牌不依不饶，恼火的摩尔抓起一把坚果，粗暴地塞进小女孩的嘴里。小女孩瞪着眼，十分生气地转身走了。电影播到这儿，我按下了暂停键，提出了一个猜想剧情发展的问题：

如果你是这个被粗暴对待的小女孩，接下来会干什么？

这样的问题似乎太简单了，孩子们争先恐后地举起手来。

“我会去找家长，让家长把这个小贩揍一顿。”想这么干的孩子说得振振有词。

“我会去找警察，请警察把这个小贩揍一顿。”你怎么也不会想到，找警察来也是用“揍”解决问题，大概这个孩子心里想的就是让自己出口气吧。

“我想这个女孩可能会去对面的银行。”

“为什么去呢?”

“有可能他的爸爸就在银行上班啊。这样，她就可以让爸爸把小贩揍一顿。”

我心想，这不也是找家长吗？也是用“揍”来解决问题的!

看来再怎么有创意的想法，最终都会以“揍一顿”为最终目标。这是疾恶如仇呢，还是有仇必报？好吧，我选择暂时向这帮六年级的孩子“投降”，接着往后看吧。

很快，小女孩找来了一位警察，向警察指认了伤害她的摩尔。警察请摩尔出示销售坚果许可证，询问刚才发生的事情……我又按下了暂停键，因为刚才的问题，电影有了自己的答案。接下来我希望孩子们探讨的话题与电影本身的剧情几乎没有关系，但自以为有议一议的必要。

我在白板上写下“找家长”“找警察”，然后提出问题：“你怎样看待找家长的想法和电影中小女孩找警察的做法?”

依然是争先恐后。有看法就积极地表达出来，这样的表现很不错。

一个男生开口了：“我觉得嘛——这个小女孩有些小题大做，不就是人家不卖坚果给你吗？何况人家还塞了一把到你嘴里呢，不吃白不吃。要是我的话，肯定开开心心跑了。”

他话音一落，教室里一片笑声。

“我也觉得没必要找警察，这么点小事，警察哪有工夫管啊!”这孩子

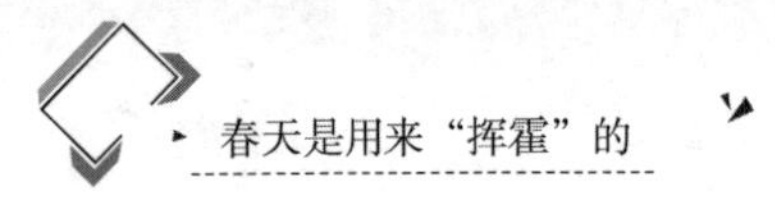

替警察着想了。

“还是找家长最好，要么让小贩赔礼道歉，还赔些坚果，要么揍一顿算了。”

“是呀，怎么随便就能找到警察啊。只有找家长才是有用的……”

“赞同找家长的举手。”想发表看法的还不少，我不希望再继续听重复的论调。然后，我请赞同找警察的发表观点。

一个平时善于思考但也经常信口开河的男孩站了起来：“找警察啊，警察有枪。”

又是一片笑声。

看来只有指望班上那位真心热爱阅读，而且思路一向清晰的女生了——她正示意要发表自己的看法。

“我觉得小女孩找警察是对的。你想啊，找家长来将小贩揍一顿，本来是小贩违法，结果变成了家长违法，值得吗？这不仅解决不了问题，对小女孩也没有好的影响。找警察，因为警察是执法的，他可以用法律来维护小女孩的利益。我的看法就是这些。”

她一说完，教室里突然安静了下来。这份安静让我感到一点点安慰，看来大家还是懂得或者认同这位女生指出的找家长和找警察的区别。

简单地再强调了一下找家长和找警察的区别后，电影继续。我沉思。

为什么我们的孩子在遇到这类问题时，想到的是找家长和“揍一顿”，甚至还有吃了小亏捡了大便宜的满足感呢？为什么很少有孩子想到找警察用法律来维护自己的权益呢？不得不承认，无论是社会、学校还是家庭层面，我们的法制教育一直是缺失的。我们的孩子从小接受的言传身教就是靠家长来保护和宠溺自己，莫说是受到了社会人员的侵犯，即使是受到同龄人的欺负，也是家长冲出来“揍一顿”。学生在学校无论是受到有意的伤害，还是无意的甚至是正常的运动伤害，也是家长到学校来“要说法”。不过，如果是在家里被揍得鼻青脸肿，却只能相信“老子打儿子天经地义”

的“古训”了。孩子们不用思考就想到了找家长，原本是受过“教育”的啊。往深里追究，这种“找家长”的选择背后，暗含的是根深蒂固的家族意识，是人治基因的“遗传”。

如果，我们的学校和家庭都重视孩子的法制教育，孩子们是不是遇到影片中小女孩的情况，就懂得去找警察帮忙了呢？也未可知。首先，正如一个学生所说的，上哪儿去找警察呢？难不成还要问清楚派出所、公安局在什么地方，然后一一履行报案手续？其次，就算随时能在街头找到警察叔叔，我们的警察叔叔会帮你这小屁孩处理这“无聊的小事”吗？法治没有深入人心，社会没有懂法用法的氛围，学校、家庭空谈法制教育，保不定会让孩子们觉得学校和家庭都在忽悠他们呢。

别责怪我们的孩子，他们真的是无辜的，等到他们有了自己的孩子，如果他们的孩子同样想到的是“找家长”，他们和他们的孩子仍然是无辜的——只要社会认知、行为和教育一如既往不做出根本性的改变。

电影放完了，鲜明的角色形象、精彩的故事情节让孩子们意犹未尽。关于“找家长”和“找警察”的讨论在他们的脑海中是否留下什么痕迹，我无法揣测。但是，作为一名教师，我警醒，我反思，我有一份责任感，我也从不放弃希望。至少，这样的讨论比枯燥的说教给孩子们留下的印象要深一些吧。

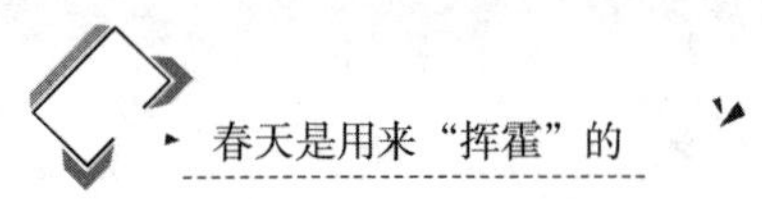

怎么就没人喜欢你

李竹平

最近，班上接连发生了几件因被传“绯闻”而哭鼻子的事情。当然，传“绯闻”的总是几个顽皮的男生，哭鼻子的总是几个在学习上表现比较优秀的女生。

这天活动时间，我刚走到教室门口，昕琪就冲过来，噘着嘴告状：“老师，小岗又传绯闻，洋洋都哭了。”教室里，几个女生围坐在一起，一边安慰洋洋，一边抱怨那些令她们讨厌的男生。我在她们身边坐下，洋洋开始擦拭眼泪。我冲她笑笑，明知故问：“怎么哭鼻子了?”她喜欢在我面前撒娇，这时却梗着脖子，咬牙切齿状：“老师，你说小岗烦不烦人，一个劲地传绯闻。”其他几个女生马上七嘴八舌地反映好几个男生经常传绯闻，更过分的是还用小纸条写着乱传。我故作惊讶地说：“嗨，这有什么可哭鼻子的啊，被人传绯闻，应该感到自豪才对呀!”正如我料到的，她们一个个睁大了眼睛看着我，坐在我旁边的晶晶表示抗议：“老师，你怎么能这样啊?”

“老师是实话实说啊。你们先说说，那几个男生是怎样传绯闻的?”

“他们总是到处说谁喜欢谁了，讨厌死了。”昕琪依然噘着嘴，一脸不高兴。

“他们这哪是传绯闻啊，分明是羡慕嫉妒恨嘛。你们想想，什么样的人才能被人喜欢呢?”我盯着她们的眼睛，期待她们的答案。

她们沉思了片刻，晶晶先开口了：“老师，我懂了。”她说完，羞涩地笑笑，冲大家点点头，似乎意味深长。

我故意要她说明白了：“说说，你到底懂得什么了?”

“被人喜欢，说明很优秀啊，不被人喜欢，肯定表现很差。”她这次说得一本正经。

“对，就是这样！你们看，那些传绯闻的家伙表现怎么样？你们喜不喜欢他们?”

她们都摇摇头。

“所以嘛，他们是因为自己得不到别人的喜欢，心里难受，嫉妒别人，才想用传绯闻的手段表达自己的失落。他们也很可怜的，你们应该同情他们才是。”

“就是!”洋洋一改刚才的委屈，扬起了头，脸上分明写上了骄傲。

我趁热打铁：“我很了解你们，你们正是进入青春期的时候，私下里经常会讨论谁喜欢谁的话题，对吧?”

她们不约而同地点头。

“喜欢一个在某一方面表现优秀的异性同学，这是正常的情感态度，没什么难为情的。老师倒觉得找不到自己喜欢的同学，或者没有一个异性同学喜欢自己，这才是很丢脸的事情。你们觉得呢?”

她们都煞有介事地点点头。这时，几个男生也凑了过来。

晶晶突然问我：“老师，我想请教一个问题，喜欢跟爱有什么区别呢?”

“喜欢就是对一个人有好感，觉得那个人有优秀的地方，谈得来，值得交朋友。爱与喜欢最大的区别在于，爱要负起更大的责任。喜欢一个人，只需要相互尊重相互欣赏就行了；爱一个人，得考虑能不能凭自己的能力给对方带来安全和幸福。爱一个人可不是一件容易的事情，需要创造爱的资本。我们现在的年龄，可以喜欢一个同学甚至几个同学，却离大家说的爱情离得很远很远，因为我们还不具备爱一个人的能力。你们觉得呢?”

无论是男生还是女生，都若有所思，也若有所悟。

“以后遇上别人传绯闻，怎么办呢?”我问他们。

翼腾说：“不理就是了。”

昕琪说：“就当没听到。”

我摇摇头：“这可不是好办法。应该问问他们：怎么就没有人喜欢你呢?”

大家笑了：“对，这个办法好!”

这样的一次聊天真的能让孩子们正确面对传“绯闻”这种事情吗？更重要的是，现在似乎能够正面面对这种事情的仅仅是参与聊天的一小部分孩子，那些热衷于传“绯闻”的孩子还会继续以此为乐，时间长了仍会影响其他同学。怎样才能让每一个孩子都认识到异性同学之间的相互喜欢是一件正常不过的事情，而传“绯闻”是一件很无聊、幼稚的事情呢？经过深思熟虑，我决定开一次有意思的班会。

上课了，我说：“这节课我们聊聊天吧。”不用说，教室里一片欢呼声。

我在白板上写上“喜欢”二字，然后和孩子们聊起来：“一个人如果不被别人喜欢，会有怎样的感受呢？当然很难为情了。一个六年级的男生，如果没有一个女生喜欢，或者作为一名六年级女生，没有一个男生喜欢，那原因会是什么呢?”

孩子们先是愣了一下，很快就醒悟过来，小声议论起来。等了一会儿，我请他们自由发表看法。

“我觉得没有女生喜欢的都是表现不好的男生。”旭总是积极发表见解。

“没有人喜欢的肯定是讨人厌的家伙。”泽说。

松早就忍不住了，拉拉我的一角，就说开了："还有的是不好意思承认，其实心里喜欢。"

"那你要是喜欢一个女生，会是什么理由呢？"我问他。

"老师，你别说我啊！"他不好意思地摇着头。

我笑着对他说："不用不好意思啊，我也不是让你说自己喜欢谁，只是让你说说自己会喜欢什么样的女同学嘛。"

"哦哦，"他如释重负，"那当然是学习成绩好、不暴力的了。"

教室里就这样聊开了，不管男生女生，都喜欢具有阳光积极、乐于助人、善解人意等优秀品质的同学，也有喜欢有特长的，当然还有喜欢长得帅或漂亮的。这都是真实的心声。

我接着问孩子们："你们心中有自己喜欢的同班同学吗？"

教室里又安静了一会儿，接着就是窃窃私语。我故意让小岗先说一说，他扭扭捏捏地站起来，低着头，腼腆地笑着，不吭声。

我追问："班上没有一个值得你喜欢的女生？"

"不，不是……"他先嗫嚅着，马上又鼓起勇气抬起头，"老师，可以不说吗？"

我理解孩子们，他们不好意思说啊，换了我，也不好意思说的。我请他坐下，拿了一沓卡片纸，告诉孩子们，将自己喜欢的异性同学的名字写在卡片上，有几个写几个，不用署上自己的名字。

很快，孩子们就写好了，每个人至少写出了一个同学的名字，有的写了三四个。我收集起来，读出卡片纸上的名字。我发现，被读到名字的孩子，不再是躲躲闪闪，而是一脸骄傲。读到一半时，我不再读了，因为我想到，可能有个别孩子的名字不会出现在卡片纸上，这会让他（她）很尴尬。

课上，我没有提传"绯闻"的事，只是接着啰唆了一下喜欢与"爱"的区别。我想，孩子们对曾经的"绯闻"应该有正确的认识了。

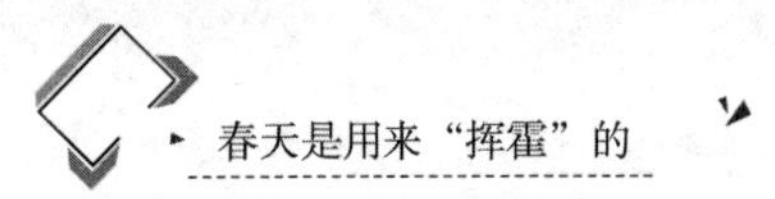

果然，这次班会之后，再也没有孩子因为“绯闻”而哭鼻子或“告状”了。我还发现，男生和女生之间的交往更自然和谐了。

孩子们在成长的路途中，总会遇到一些不知怎么认识和应对的事情。身为人师，要研究他们，要理解他们，用一颗同理心来引导他们正确认识，积极应对。

那些“有脾气”的日子

耿子文

班上有个蔡小胖，最爱碎碎念。

小胖长得圆滚滚，天性乐观，“爱好”学习，每当下课就贴在老师身边问题目。可是小胖不善思考，问的问题大都未经过大脑想一想。有时候，一个问题问几遍，我真是“有脾气”了。

这天，我正和已经堆积成山的课件们“缠斗”，这不，“问题少年”小胖又带着他的问题碎碎念来了，在一番问问题之后，开始了每日都要进行的“拉家常”活动。一开始我还认真地与他聊天，可是不知怎的，脾气就上来了，我没好气地回答他：“自己去想吧，我没空跟你聊呢!”

听到这些，蔡小胖讪讪地回到自己的位子，又与同学攀谈起来。我看了他一眼，心里涌起一丝歉意，但马上说服自己：“唉，这孩子，说话的欲望太强了。”

终于打败了“课件大军”，走到小胖身旁，刚刚还看书看得入神的小胖突然趴在桌上，有神的小眼睛却偷偷瞟着我：“我不喜欢数学老师了，我不

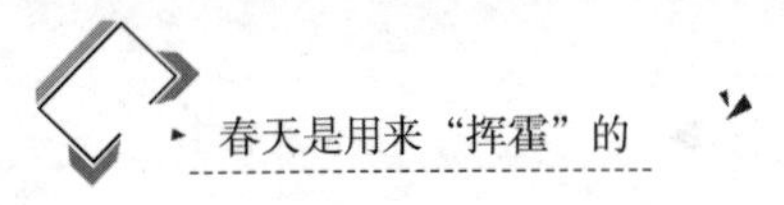

喜欢学数学了……”

心里苦笑着：“这孩子还记我仇呢!”当时那一瞬间，我为自己的那些脾气感到万分歉意，同时，我也有一丝担心，我是否真的伤害到这个“问题少年”?

当老师两年了，回想起刚走上讲台的那些日子，我心里总是觉得教师和其他的职业没有太大的区别，都是工作而已。但随着教学过程的深入，同学生交往的增多，我越来越体会到为什么社会上流行“教师是一个神圣职业”的说法。做一名教师，最重要的就是要与学生一起生活，他们真的就是自己的孩子，当老师的每一天，就是与孩子相处的每一天。

三年前我还是学生，因此我很清楚做一个学生的心情——老师的一举一动对自己都有着深深的影响。甚至老师一个鼓励的眼神，都能够让自己自信一天；老师的一点儿不耐烦，都能让自己烦心一天。

这一年我还是妈妈，因此我很清楚陪一个孩子的微妙心情。爱一个人，总是小心翼翼的；爱一群人，更是如履薄冰的。虽然作为一个普通人，总有自己的喜怒哀乐，也总有“有脾气”的那些日子。

但只要一想到，在一个教室里，一个共同生活的空间里，有那么多的学生在等着你，那么多双眼睛在注视着你，那么多的家庭在期盼着你，教师的一言一行影响太大、太深远了，当然也感受到教师这门职业有着太多的社会责任。

教师的一言一行都将潜移默化地影响着学生。老师起到的示范作用，对于青少年的心灵，是任何东西都不能代替的一抹阳光。

想要做一名言行合格的好老师，在课堂上，就要对学生的问题行为做出有效的回应。比如老师可以用眼神示意他，他的行为影响到了大家；再比如当学生不注意听课时，可以通过改变声调或提高音量来吸引学生的注意。在课下也不能放松对自己的要求，尤其是现在我们都在班级内办公，教师的言行和情绪，都对学生有非常大的影响。在和学生谈话的过程中，教师要注意自己的表达方式，要用幽默、委婉和含蓄的语言与学生交流。另外，批评的对象应指向学生的行为，而不是学生本身。批评学生的目的就是为了帮助做出某行为的学生提高认识，端正态度，纠正他们偏离班集体目标的行为。所以，在批评学生时，应该指出的是学生的行为本身有何错误，对社会、学校以及班集体的危害或不良影响是什么，而不应该对做出该行为的学生进行人身攻击、人格侮辱等。只有当学生把老师的批评看作是对自己不良行为的劝导时，他才会以更加坚决的态度改正错误。

另外，做老师就像做父母一样，千万不要总是批评学生，要捕捉学生的闪光点，培养其良好的兴趣。

做教师两年时间，除了在性格和脾气上，自己懂得了很多需要控制的地方，也找到了很多掌控自己心情和心境的方式方法。另外一个更大的收获，就是对教师的基本职能有了更全面的认识。以前觉得一个成功的教师主要就是把教学任务好好地完成，现在才明白，教师是教书育人，不仅要把课上好，还要学会多关心学生生活及其他的方方面面，只有这样，学生才会更好地在课堂上与老师配合，才能创造性地完成教育教学任务。换句话说，教师的人格魅力很重要，而人格魅力如何被学生体会到，这需要老师多和学生交流，多关心他们的成长，这样，学生才会自觉地欣赏某位老师，这是粗暴换不来的。

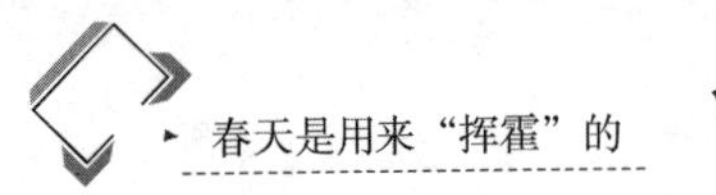

冷静面对孩子的"不轨行为"

高学雷

夏天来临，总感觉中午太困。来京快两年了，但这种在家乡养成的午睡习惯仍顽固不化地纠缠着我。上周四中午，改完作业的我，感觉困意难敌，便伏在教室的办公桌上，在孩子们的呢喃声中渐渐进入梦乡。

"高老师，出事儿了！李老师喊你呢！"硕的大嗓门打碎了我的美梦。

"您快去看看吧！好像是洋等把六年级教师研讨室的东西搞坏了！"没等我完全清醒，好事儿的博扯着他那"公鸭嗓"补充道。

我快步跟随他们俩前往六年级研讨室，忽然想起前几天课间无意听到的洋和然的一段对话，大概意思是他们找到了一个好去处，里面有沙发、转椅、大桌子，可以在那里写写作业，聊聊天，看看书……当时没怎么在意，现在想想，他们说的好去处应该就是现在要去的地方吧。

走近研讨室，竹平老师那特有的声音飘进耳朵："你是十二岁，不是六岁，什么事情该做，什么不该做，还不清楚？"声音不大，但很有分量。我从围观的学生中挤进去，和竹平老师简单沟通，明白了事情的原委：

洋等六位同学昨天利用午间时间，在研讨室来了个"大闹天宫"，他们把几把转椅当成了“碰碰车”，玩得那个嗨！“车”到之处，必是凳倒桌歪。竹平老师说，今天中午他也是想到里面休息一下，没想到开门一看，整个研讨室里一片狼藉，柜子上的书长了腿似的散落在各处，牛奶盒、纸屑满地都是，漂亮的圆形茶几“身首异处”……正百思不得其解之时，洋率先冲进来，想和一帮同学故伎重演，结果是一个个自投罗网。

面对一大帮惹是生非的家伙，我没了耐性，不容他们辩解，一通指责、批评，更武断地宣布：往后你们几个除非上洗手间，其他时间一律待在教室里，哪儿也别想去！其实，气话之后，我也知道这样的要求根本不可能兑现。但往往就是这样，激动的时候，口无遮拦。我当了二十多年的班主任了，还没有修炼到处事不惊的境界，想想都有些自惭。

下午放学时，与洋的爸爸通电话，告知事情原委，家长蛮通情达理，很快带了个维修工来到学校，一通忙活，总算让小茶几恢复原貌，而且似乎比以前更加牢固。因为那位师傅说，原来的固定螺丝太短，且是硬钉进去而不是拧进去的，所以很容易脱丝。

周六我待在家里，想着洋、豪等学生，近一阶段确实没有消停过：高年级篮球赛前，豪等和班里女生的明争暗斗，闹得沸沸扬扬；洋等把隔壁班的门把手拆了下来，且不知把手去向；豪十多天前曾无故脚踹隔壁二班一女生肚子，结果祸及家庭……

我经常告诉他们：你们现在不小了，马上就要毕业，应该把精力用在学习上。但面对这帮孩子，这些话往往显得苍白无力。我所期望的，往往是我一厢情愿罢了。

孩子们的这些行为，真的是他们无可救药，朽木不可雕也？作为他们的班主任，我真的走进他们内心了吗？我像他们这个年龄在想什么，干什么呢？……

我的思绪回到自己的童年时代。受家庭影响，上小学的我一心想着当兵，因为那时我的两个哥哥都已经在部队，而且我二哥还参加了对越自卫

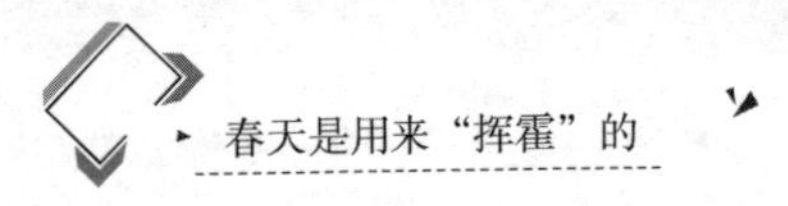

反击战，荣立三等功。因为这些，在小伙伴面前，我感到无比光荣和自豪。为了实现当一名光荣的解放军战士这个崇高的理想，自己的的确确留下了不少“英雄事迹”：曾为了我的军帽被同学弄脏，而和那个同学肉搏，咬伤了对方的耳朵，结果本不富裕的家庭承担了十几块钱的医药费。20 世纪 80 年代初的十几块，对于一个农村家庭，可是好几个月的开销呀！这自然免不了父亲的一顿打骂。我们农村小伙伴放学后，最喜欢玩的就是分班打仗，那也是我最津津乐道的，因为我有雄厚的“军属家庭”背景，所以每次分班打仗，我总会被公推为一方的司令。曾几何时，为了惩治打败过自己的对手，给对方点儿颜色看，我和几位“残兵败将”竟然偷偷点着了胜方司令家的麦秸垛。这换来的自然是最严厉的惩罚——一天没有吃到饭！自己曾为了制作一把所谓的“军用匕首”，拿一根大洋钉放在村后边的火车道铁轨上，让过往的火车把它碾压成薄片，然后加工成锋利的小刀。这件事儿做了好多次，后来终于东窗事发，我们几个被铁路警察从班级里带走。现在想想确实后怕，如果真的把火车弄脱轨了，造成的后果不堪设想。但那个年龄段，做这样的事情仿佛理所应当！

自己当年的所作所为和班里的孩子相比，可谓有过之而无不及！可我现在成了不可救药的家伙了吗?

这又让我想到了一个风靡全球的教育案例：

在美国东部的一座小镇上，一个由近三十位孩子组成的班级，被安排在教学楼最旮旯、最不起眼的一间教室里。他们中的所有人都有过“不光彩的过去”。有人吸过毒，有人进过少年管教所，有个女孩甚至在一年中堕过三次胎……家里家长拿他们没辙，学校上下也几乎放弃了他们。

某新学年开始的第一天，有个叫费拉的女教师接手了这个班。费拉并没有像她的前任们那样“整顿纪律”，先给孩子们来个下马威，而是为大家出了一道题：有三个候选人，他们的经历分别为，A. 他曾经两次被上司赶出办公室，每天要睡到中午才起床，每晚都要喝大约 1 公升的白兰地，而且有过吸食鸦片的记录；B. 他曾经嗜酒如命，有多年的吸烟史，顽固地笃信巫医，一个情妇不够，非得再找上一个；C. 他曾经是国家的战斗英雄，一直保持素食的习惯，不吸烟，偶尔喝点酒，大多是喝一点啤酒，年轻时从未做过违法的事。费拉要求大家从中选出一位后来能够造福人类的人。毋庸置疑，大家都选择了C。

然而，费拉的答案却让所有人大吃一惊："孩子们，我估计你们都会认为最后一个才是能造福人类的人，因为看上去他表现为好人，而前面两个都表现为坏人，但是你们错了。这三个人大家一定熟悉，他们都是二战时期的著名人物：A是温斯顿·丘吉尔，英国历史上最著名的首相；B是富兰克林·罗斯福，身残志坚并连任四届美国总统；C是阿道夫·希特勒，一个夺去了几千万无辜生命的德国的法西斯统治者。"孩子们看着费拉，一个个都呆若木鸡……

接着，费拉又寥寥数语。但就是后来的不到半分钟的话，却改变了近三十个孩子一生的命运。如今，那帮孩子都已经长大成人，他们中的许多人已在自己的岗位上做出了骄人的成绩：有的成了高明的心理医生，有的成了最出色的法官，有的成了顶尖的航天员。值得一提的是，当年班里那个个子最矮、最爱调皮捣蛋的学生，今天已经成为华尔街最优秀的基金经理人，他叫罗伯特·哈里森。

当然，这个故事的真实性无可考究，但我们的确可以从中感悟到一些教育的哲理。

其实，想让十一二岁的孩子一切按照成人的想法去做，本身就不科学，说严重点儿，就是违背人类生存法则。作为一名教育者，我们理应明白英国的A. S. 尼尔先生倾其一生创办夏山学校的初衷。

冷静面对孩子们的"不轨行为"，既不能让其放任自流，更不能把其视为洪水猛兽。我倒认为，学校应该有一个让孩子们发泄的空间所在。至于是什么样的一个空间，需要我们教育者用智慧去慢慢构建。

有意思的定向越野

李竹平

六年级 4 月份的非传统课程日的内容是“定向越野”。

4 月 30 日，“定向越野”故事精彩上演。

1

上了大巴，车子开动。

记得十多年前，我带着学生去春游秋游或参观，一路上他们谈论的话题都离不开即将要去的地方和活动的内容，可现在呢，我所乘坐的大巴上有三十多名学生，没有一个人提及这次的活动，有几个学生在聊天，内容都是同学之间的八卦、包里的美食，谈得投机时就从包里拿出美食来分享。大多数学生都戴着耳机，捧着手机，埋头在屏幕里，专心在游戏里。他们比我们老师要淡定得多。

时代变了，学生们的生活和兴趣变了，这不过是很自然的事情。想到这些，我也就释然了。

不知不觉，目的地到了。

2

按照事先分成的9个小队站好队，队长领到了地图和指北针，教练介绍了定向越野的任务和要求。为了保证学生们的安全，老师和随行的家长被分到了各个小队。

“出发!”随着教练一声令下，活动开始了，我跟着六（1）班的一队，队员共有8人。

“一号点标在哪里?”他们望向我问，我明确表示：我只会跟着走，不会提供任何帮助。

“快快快，看地图。”高高胖胖的浩喊开了。队长腾拿着地图，三五个人围过来，有人说往前，有人说该往左，意见不一。我提醒他们：要正确使用工具。他们才想起了手中的指北针。

“不对，指北针要水平着看。”有人提醒。“地图和指北针都放到地上吧。”又有人提醒。

地图和指北针都放到了地上，但是，他们发现指针与地图上的北方不是指向同一个方向，手忙脚乱地在转动指北针，很快有队员发现错了：“不能转指北针，要转地图。”

终于，他们又学会了一项技能。

来到石桥边，他们发现方向错了，重新对照地形，寻找正确方向。另一个小队从身边经过，听到对方说已经找到了三个点标，我的队员们有些紧张了。

虽然过去了不到10分钟，8个队员已经形态各异了：腾作为队长，希望将大家集中在一起共同行动。胖嘟嘟的松很快就累得气喘吁吁，努力跟上，不让自己掉队。轩拖着一向沉重的步伐，想跟上又不自觉地被懒洋洋的琦黏住。另外两个女生晶和妮虽是一路小跑，还是时不时被落下一段距离。这样的一个团队，注定了不会一帆风顺。

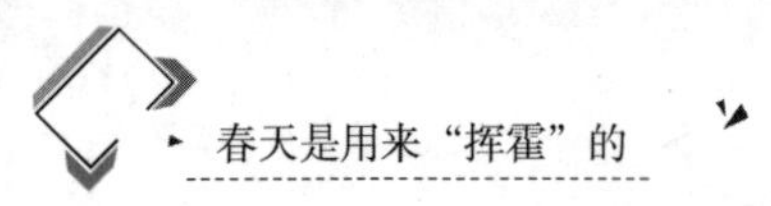

大家按照地图走过了一座小桥，超奔向一个点标，欢呼起来：“找到了！找到了！”终于找到了第一个点标，大家都十分兴奋，一下子来了自信，相互催促着要迅速冲向第二个点标……

3

顺风顺水地找到了前面5个点标，第六个让他们体会到了挫折。时间快过去一个小时了，太阳把大家烤得满面通红，一个个汗流浃背。他们一次又一次摆好地图和指北针，认真研究，终于确定了方向，找到了第六个点标，接着是第七个、第八个。但是，怎么也找不到第九个点标了。

我认真地看了看地图后发现，从第七个点标开始，他们就已经出错了。根据地图上的标示，第七个点标应该在地图的最南端，此“七”非彼“七”啊。浩这时也才注意到，地图上还有比例尺！

离任务结束时间只有十几分钟了，还有8个点标没有找到，大家只好放弃。

4

教练宣布成绩，有5个队顺利完成了任务，最快的一队用时才一个多小时。

回到教室，我安排：每个小队在队长的组织下，分析一下没有顺利完成定向越野任务的原因有哪些。然后，再进行全班交流。

三队的刚将矛头指向了同队的博，说他一个人拿了磁卡，撒丫子就跑，其他人根本跟不上。博马上表示反对，说是其他人像蜗牛一样。路站起来分析：“我觉得关键还是没有团队精神，都只知道顾着自己。”

二队队长洋说很多队员不听指挥，我行我素。他们队中四个走散的队员认同了此看法，进行了自我批评。

浩说：“我们最主要的问题是不会正确使用地图和指北针。”他一说完，其他队也有队员附和。

经过一番讨论，学生们都从今天的活动中得到了新的启示和收获。这也是定向越野课程最重要的价值所在。

5

也许下次再开展类似的活动，学生们更具有团队精神，懂得分工协作，自觉地锻炼使用工具的技能、合适的策略和方法……我真的希望他们能通过一次又一次“定向越野”式的活动不断地成长。

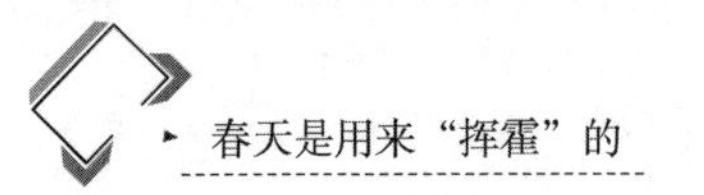

我们从“朋友”开始

许　杰

作为一名从教两年的年轻教师，在教学上我还没有做到稳扎稳打，游刃有余。所以至今为止，我还未来得及仔细思考教育这么深刻的主题。但是教学与教育是分不开的，不管是否刻意关注过、思考过、研究过，从做老师、教学生的那一刻开始，我就与教育产生了联系。直到最近看了一部电影，我才开始认真地思考总结，这两年我对教育学生到底有什么心得和感悟。

电影是《棋王与他的儿子》。影片中的父亲是胡同里远近闻名的围棋高手，由于下遍小区无敌手，因而获得“棋王”的称号。这位父亲痴迷围棋，对家里的事情不管不顾，对工作漫不经心，最后变成妻子口中“一事无成”的窝囊废，最终家庭难逃离异的厄运。这给十二岁的儿子——刘小川留下深刻的阴影，但故事并没有像我想象中的描述离异家庭孩子的心理阴影，而是讲述了一段感人至深的父子亲情。虽然父亲在妈妈的口中“一事无成”，可小川毅然决然选择与父亲生活。为了能够留在父亲身边，他跟父亲向妈妈保证：绝不学围棋，考试在班级前五名。他要一边照顾酗酒的父亲，帮助父亲重拾生活的信心，努力学习。但是他真的做到不学围棋了吗？不，因为他是“棋王”的儿子，即使自己不想学习，也会耳濡目染。其实他特别想学围棋，而且有极高的天赋，甚至用妈妈给他买早餐的钱买棋谱，偷偷自学。事情最终被父亲知道了，在他有生以来，父亲第一次打了他，他哭着跑出去。父亲在一处旧城墙边上找到他，开口的第一句不是道歉、解释或劝导，而是递给他一张卷饼。在父亲的坚持下，他拿起卷饼和父亲一起坐下吃起来，最后父亲牵着他的手回家了。这期间，他们没有说一句话。回到家里，小川拿出自己珍藏多年的棋谱，告诉父亲自己是多么喜欢围棋，而父亲第一次被儿子的认真和天赋打动。但与儿子要成为职业棋手的梦想相比，儿子只做这些是远远不够的。父亲第一次郑重其事地问他：“你能吃苦吗？”儿子用铿锵有力的声音回答他：“能。”父子开始训练儿子，最终儿子走上了职业围棋手的道路。

我不知道电影中的儿子是否会实现他的梦想，但是我很羡慕他有这样一位亦师亦友的父亲。小川能够不顾一切留在生活窘迫的父亲身边，而不是跟着条件优越，同样视他为生命的母亲身边，我想最重要的原因是父亲在他心中是朋友，他和父亲可以什么都不说，坐在城墙边吃卷饼；他可以敞开心扉，告诉父亲自己多年的梦想；他可以像一个大人一样，向父亲证明自己会为了梦想付出艰苦和努力。当然，父亲在他心中还有一重身份——老师。他像崇拜英雄一样崇拜他的父亲，他的父亲却不像一位英雄一样遥不可及，他是可以陪着他一起跑步的英雄，是在遇到困难时给他力量的英雄。一位英雄的父亲愿意跟他做朋友，小川的心里肯定是美的、幸福的。

在这两年的从教生涯中，我不敢说自己帮助、改变、教育了多少孩子，但我却敢说自己在努力地跟每一个孩子做朋友。而在与他们成为朋友的过程中，我在慢慢地感受着他们的变化给我带来的惊喜和感动。

我想跟他们做朋友，一种真正意义上平等的朋友。做朋友，首先要有同理心，要认同你的朋友。认同的意思是我能理解他的所有行为，我能接受他的所有缺点，换位思考，感同身受。凡在班级里学习成绩不太理想，没有学习热情，注意力容易分散，爱说话搞小动作，没有毅力，遇到困难容易放弃。但是他愿意帮助别的同学，动手能力很强，性格活泼、开朗。作为老师，也许我们会想：虽然他有那么多的缺点，但毕竟他还有那么多的优点呢，我需要想方设法表扬他的优点，让他建立自信，慢慢对学习产生兴趣。可这样做只是忽视了他的缺点，并没有正视他的缺点，也许他会反感，因为老师仍然在关注他的优点，没有认同和接受他的缺点。但如果做朋友，我就会从另一个角度考虑，就要更多地了解他，然后会理解、接受朋友的一切缺点。比如：他对英语学习没有热情，因为他认得的单词太少，根本就没有办法读懂那些文章，如果100个单词的对话里有八十多个单词不认识，那不就像读天书一样吗？一定无聊得要死，难怪他上课搞小动作。那么多不认识的单词，谁能抱着字典一直查呀，难怪他没有毅力。从朋友的角度，我才能更深刻地理解他，尤其是他的困难，然后再换位思考，就不会如以前一样苛责他。

做朋友，有同理心还不够，还需要得到朋友的信任。这是很难的，需要很长时间才能建立起来。欣是班级里一个非常调皮的男生，他一向喜欢挑战权威，他喜欢跟一切不符合他标准的人辩论不休，甚至大打出手。他表现出来的是上课经常打断老师，抓住一切机会与老师辩论，像一只时刻准备战斗的斗鸡。他与同学之间也是矛盾不断、状况频出。当我逐渐了解他，我发现他并不是无事生非，而是因为在他的心里有一套自己的标准，有一些跟我们的规则是相悖的。比如：他认为老师不是权威，他要挑战老师，让老师无可奈何，这是能力的象征。所以，他上课时时刻准备挑老师的“毛病”，然后与老师一直辩论下去。比如：他认为在语文课上生字写错了，只是需要修改过来就好，不需要重复多遍。所以他只订正错字，拒绝抄写错字。如果我想跟他这样的人做成朋友，让他信任我，在他每一次做错事情时，我都告诉他我知道他为什么那样做，同时跟他一起讨论他的标准为什么不合适。比如：他认为打败老师是能力的一种象征。那么我问他：“你认为老师是权威吗？老师说的都对吗？”他说：“当然不是。”“既然不是，就是正常人喽。那老师一定会犯错误喽？”我问。“对呀。”我又问：“那你认为发现一个一定会犯错误的正常人的错误，就证明你有什么实力吗？即使打败他，你又有什么值得骄傲的吗？”他思考了半天，最后说了一句：“哦……”我知道，他是在与我的辩论中哑口无言了。于是我们重新制定规则：我们彼此都不是权威，谁有错误都可以由对方提出来，但是基于对彼此的尊重，我们私下里找彼此讨论，如果能够说服对方，对方就需要道歉。大部分都是他在向我道歉，如果遇到科学或者数学方面的问题，我也会向他道歉。现在我们已经基本变成无话不谈的朋友，我想我们是建立在平等和信任基础上的朋友。

作为一名老师，在学生成长的过程中，只是充当朋友的角色是不够的，就像影片中的那位父亲，我们还有责任改变孩子们不合适的想法和行为。但是如何帮助他们改变呢，我觉得还是要像朋友之间互相帮忙一样。比如：凡认识的英语单词非常少，他看到长的文章就烦心，学都不想学，我们就决定只要把文章的意思搞清楚，每篇文章只认识 10 个词就好。即使这样，他还是会经常抓耳挠腮，常常因为遗忘烦心不已。一次，他找到我，对我说：“Miss Xu，我不想学了，我是学不会的，我知道你已经很认真在教我，但是别费心了，我不行的。”这次，我知道他对自己失去信心，找不到动力了。于是，在后面的学习中，我降低难度，表达他每一次因努力得来的进步，帮他建立自信。此时，我不再只是他的朋友，而是他的老师，是在他遇到困难时不断帮助、鼓励，给他信心的人。

作为老师，我不想教导学生，我希望像一个朋友一样关心、了解他们，理解、接受他们的一切，我也想像朋友一样跟他们倾诉我的烦恼，让他们

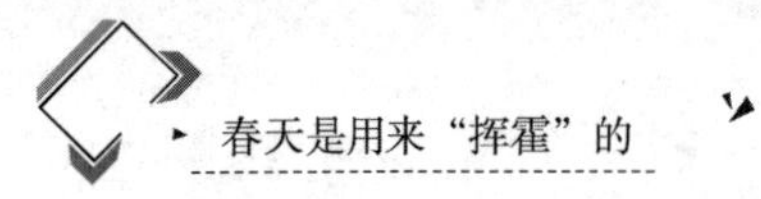

也帮我解忧，建立彼此的信任。但我不能只是他们的朋友，也应该像一个长者一样给他们力量和依靠，当他们开始怀疑自己的时候，仍然坚持地相信他们，并且想方设法让他们也相信自己。我想这样去做老师，我想这样去教孩子，我想我们从“朋友”开始。

相信·奇迹

陈　超

"There can be miracles when you believe."

当犹太人的民族领袖摩西声称要带领他的子民逃离埃及，回到他们祖先的土地上时，人们需要多么坚定的信念才会相信这是能够成功的？正因如此，奇迹才会变得那么珍贵，因为它是在充分信任的情况下才会产生的。当然，我们的故事没有这么伟大，但足以让我们自己铭记。

3 月份年级的非传统课程日内容是“游戏·童年”。在课程结束时，我们结合年级的月度健身活动——毽子，举办了一个踢毽子大赛。其他两个班的同学在得知这一消息之后，早在学期初就开始练习。整整一个月，只要一下课，走廊里都会传来此起彼伏的踢毽子声音。“一个，两个……十个……二十个……”似乎大家练习得颇有效果。

可是我们班的孩子呢，下课依然在疯狂地完成当天的家庭作业，原因在于这学期老师把家庭作业放到了学校完成，以防止出现学生回到家里无法认真完成的情况。很多时候要老师强制，他们才会离开座椅，更别提抽

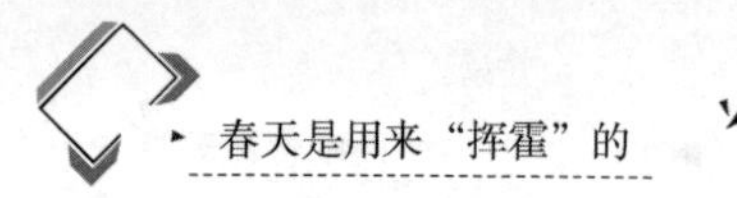

出时间去练习踢毽子了。因此，当我在班里宣布踢毽子比赛的赛制时，很多同学都泄气了。“老师，那我们肯定输定了，一班和三班都很强，他们有的人都能踢四五十个……”这是小胖的声音。“是啊，那我们干脆放弃算了！”这是福仔的声音。悲观的情绪就像一场“瘟疫”，迅速在班内蔓延。

我只好给他们打气：“拜托，咱们就算输也要有个样子吧。况且，参加的人可是有奖励的哟！”这是我能用的最后一个方法了。重赏之下必有勇夫，很快就凑齐了参赛人数，尽管他们内心都还是有些拒绝的。

很快，比赛开始了。第一轮是计数赛，按小组总成绩计算。一班的最强小队出场，其中有一个同学被封为年级最强者，曾经创下一人 70 多个的优异成绩。出乎意料的是，他们小组在第一轮只踢了 22 个。这似乎是一个可以超越的成绩，在他们出场前，我不失时机地说道：“看吧，比赛就是会出现变数，那么厉害的一凡同学也只踢了那么几个，你们还怕什么呢？”

大概是我的话起了作用，孩子们发挥得异常出色。虽然每个人最多的也就踢了十几个，可这已经是他们的最好成绩。瑶瑶甚至打破了自己的纪录，踢了 19 个。从他们脸上灿烂的笑容，我能看出，他们已经开始相信自己，也许赢得这场比赛并不是那么困难。只要相信自己，其他一切无所畏惧。

然而，硬实力的差距还是明显摆在那里，到了第二轮，两个班的强者发挥出自己正常的水平，轻松地包揽了前两名。但是我们班的一支队伍也凭着自己的超水平发挥，在六支队伍中排在第三的位置。看到他们的表现，我感觉在第二场计回合数的比赛中，他们有可能爆冷获胜的吧。就在我还犹豫的时候，孩子们早已经进入比赛状态，不用我提醒，候场的队员已经开始自己练习。这让我多少有点吃惊，这几位原本怀疑自己，害怕出场的学生，现在居然主动练起来。大概是看到自己的表现并没有想象中那么差，也开始对自己产生了一点信心吧。

第二场比赛开始了，首先出战的第一小队以微弱劣势稍稍靠后，但他们靠着自己的小聪明，合理利用规则，发明了一种新颖的踢法：五个人围在一起，用膝盖不让毽子落地。可惜，这并没有给他们带来希望的结果。

到了第二小队出场，他们在第一回合时已经获得了不错的战绩，夺得第一似乎并不是那么遥远。或许是休息时的训练起到了效果，只见他们一个一个，传来传去。从他们脸上已经看不到一开始那种忐忑、不自信的表情，剩下的只有对胜利的渴望。也许是他们的努力感染了周围的同学，刚刚还在一旁像一盘散沙的同学，现在也纷纷聚拢过来。加油的声音不绝于耳，有的同学更是主动帮他们捡起掉落的毽子来减少时间的浪费。

“五，六，七……十个!”“耶……”

全场为之欢呼。大家都不敢相信，他们居然踢了 10 个回合。这个成绩足以让他们笑到最后。队员们好像并没有意识到自己离第一名如此接近，只是悄悄走下场，静静地观看其他同学的比赛。

比赛结束后，我跟他们说：“恭喜你们，你们获得了第二场比赛的第一名!”他们简直不敢相信。放学后，平时比较活跃的几个同学围过来跟我说：“老师，真没想到这次我们居然能获得第一名。下次跳绳比赛，我们就更不可能输了!”我笑了笑，没忘跟他们开几句玩笑。

在比赛之前连我都不敢相信他们会获得第一名，毕竟在班级练习赛的时候，有的小组甚至只踢了个位数。可是真正比赛的时候，他们每一个人都没有放弃。这让他们能够做得更好。

放学后学生们还要继续准备接下来的啦啦操比赛，我趁热打铁，想给几个信心不足的男生打打气。还没等我说，他们反而抢过来说：“老师，我觉得这次啦啦操比赛我们也能获得好一点的名次。”我被他们的自信逗乐了，问道：“你们哪来的这个信心啊，平时练得吊儿郎当，凭什么获得好名次?”他们几个挠挠头，最后就憋出一句：“反正就是感觉能赢!”

有的时候信心不需要挂在嘴上，也许就是一种感觉。只要你相信了，奇迹就会发生。一开始我还在头疼怎么教会他们对每件事都抱有这种信心，现在我不用头疼了，因为他们已经学会了相信自己。

莫要辜负了春天

李竹平

三月，春意如一支画笔，漫不经心地从这棵树抹到那棵树，从这朵花涂到那朵花。大多数时候，阳光很自由，春风吹散了雾霾。虽处京城，春风没有林斤澜的《春风》里所写的那样刚猛，倒是比南方阳春三月里的微风更加和煦。吃过午饭，我难得有了在操场上沿着跑道散步的兴致。只是，这恬适的春光也无法让脚步从容轻快起来，心里，惦记着那方教室，那教室里的孩子们。

春天，是花儿绽放自己的季节。多数孩子的课桌上，都有一盆春意盎然的花。有的已绽开缤纷的花朵，有的含苞欲放，有的舒展着翠绿欲滴的叶片，那些不在春天开花的植物也一样精神抖擞，满面春风。我的眼里，我的心中，多么愿意将每一个孩子都比喻成这生机蓬勃的花儿，欣赏他们纯真活泼的姿态，珍爱他们成长的生命气息。

根据课程的需要，第一周我就布置孩子们每人在教室里养一盆花，已经过去三个星期了，还有几个孩子的课桌上没有见到花的影子。他们自己就是花季，课桌上没有一盆鲜花，又有什么值得责怪的呢？如此诗意的反问，似乎切中了教育和生命成长的要义。教育的诗意情怀不能落地生根，不能正视每一个生命的真实状态，诗意就会散落成一地鸡毛。

刚的桌上依然没有花，即使他每天都会有可观的零花钱，书包里装满了零食和玩具；路的花终于来了，很美丽，花瓣像路的眼神一样闪耀着玩世不恭的骄傲；博的桌上是一株风信子，桃红的花朵是那么活泼和热情，让人想到博在各项活动中的身影……

松的那盆花叫珍珠吊兰。很好听的名字，却匍匐在小小的花盆里，给人懒洋洋的感觉。几个孩子一起议论彼此的花时，有个女孩说："松的吊兰长得真像松的样子。"其他几个人马上附和着。他们的议论被我听到了，想一想，觉得他们说得挺有道理的。松白白胖胖，虽然六年级了，言行总透着幼儿园孩子的"无赖"与"天真"，成天乐乐呵呵。作业没有完成，他从来不会感到难为情。前两天让他抄写词语，五十来个字缺胳膊少腿的占了二十多个。我请他一笔一画重新抄写，他黏着我："老师，抄写这么多字会累死人的，就别让我抄了吧。"只要是需要付出脑力和体力（体育课）的事情，松就会很不情愿，想方设法逃避，能让他全力以赴的，除了吃就是网络游戏。望着他课桌上的吊兰，我的思维似乎凝固了。

但是，我干吗老盯着那盆珍珠吊兰呢？海棠，茉莉，仙人球，月桂……教室的窗台上、孩子们的课桌上，盛开着缤纷的春天呢。每一种花儿都是他们自己挑选的，每一种花的花语也都是他们自己的心语吧。我愿，花语都是阳光的，花期都不会被错过——珍珠吊兰的花语里不是也包含着朴素、纯洁和平静吗？

我突然又想到，如此明媚的春光里，踏春怡情，读书怡性，用拥抱春天的姿态，点亮一朵教育情怀，同样是人生的一种美好。

3 月的周末，我真希望能在班级 QQ 群里写下这样的话：敬爱的家长朋友们，"最是一年春好处，绝胜烟柳满皇都"，带着孩子走进自然，走进春

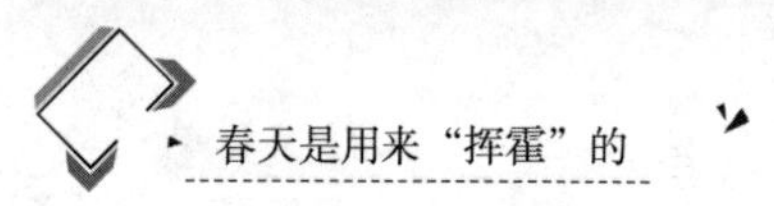

天，享受美好的春光，让童年尽情绽放吧。但是，我真正写下的却是：请家长朋友督促孩子认真完成各项作业，谢谢！忍不住自问：我这样是不是辜负了春天？

春天与果实的距离有多远？理念与行动的距离有多远？我们能忘掉距离，只问劳作，不问收获吗？不可否认的是，万物复苏的春天，不是用来辜负的，而是用来欣赏和付出的。

是啊，从今天开始，莫要辜负了春天。

航的“天空”

高学雷

航先天失聪，即使靠着助听器，也无法像正常孩子那样享受丰富而美妙的音响世界。也许，我们认为刺耳的噪音在他听来是曼妙的轻音乐吧。失聪严重影响到航的学科成绩，六年级上学期分层走班，他自然和其他十来个成绩薄弱的孩子走进了C班。

航高高的个儿，偏瘦，白白净净，让人喜爱。课下几乎看不到他和别的孩子玩耍，他总喜欢一个人默默地待在自己的座位上，或者站在教室后的书架旁看书。入班后的第三天，航原来的班主任陈超老师找到我，说航的家长向他反映“调皮大王”刚欺负航，希望把刚从航身边调开。和陈老师聊了会儿，得知航的父母为了航付出很多，航也在父母的呵护下发展得很好。航很喜欢看书，在绘画方面表现出很高的天赋，他的画还多次获奖呢！陈老师最后说不能让这样的孩子受欺负，要给他更多的保护。

记得看过陈超老师关于航的一篇叙事——《从未被忘记》，我从中知道航在原来的班集体里已经融入了老师和同伴们的世界。如今，到了这样一

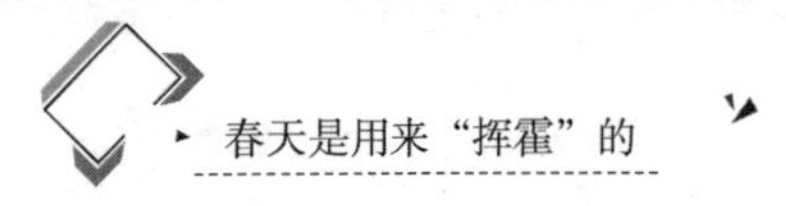

个“特殊”的班级里，如何让他能尽快适应进而融入这样一个环境里呢？唉，岂止是一个航的问题呀！接手这样一个班级，可是我从教二十多年来的第一次啊！但问题总要一个个解决吧。

还是回到航的事情上来。分层走班一个星期后，课下除了依旧喜欢靠在后面的书架上选书、看书外，航偶尔也凑到我的办公桌边：翻翻我批阅过的作业，看看我给他作业的评价，偶尔问两个不着边际的问题……每当此时，我总是面带微笑，积极地回应他。也许我给航的感觉就是那种容易接近的人，也许是我的的确确让航感觉到我对他的在意，看到航脸上渐渐多起来的微笑，我心里总是暖暖的感觉。

从陈超老师那里我知道，航是那样一个纯朴可爱的孩子，如今来到我的班里，不知怎的，对于航，我有一种莫名的亲近感。为了尽量让他能听到讲课的内容，我把他的座位安排在第一排；每当我上课的时候，总是无形中把声音提得很高，看到他没有听清时的迷茫眼神，我总是在他耳边一再重复，直到迷茫从他眼神中消失；每次回答问题，朗读课文我总是给他机会，他也由开始的不主动到后来的积极参与；每当组织活动时，航总是我镜头聚焦的主角儿，我的电脑里仅记录航各种活动的照片就有好几十张……这种不经意的“偏袒”，让航逐渐走出了他的狭小空间。

说实在的，开始我和陈超老师一样担心过分的“关照”会不会让航感到不适，现在看来这种担心是有些多余的。不到一个月，航已经很主动地和我沟通交流，课下总是先到我办公桌前“磨蹭”一下，再去做他想做的事儿。

10月份的一个周五，航下课后到我面前说要我的一张照片，我问他干什么用，他说想给我画张像。“呵呵，很高兴成为你的模特呀！”我爽快地答应下来，航满意地跑开了。可由于自己手头的事儿太忙，竟把这事儿给忘了。第二天，航在QQ上给我留言，说我还没给他发照片呢！我才想起这事儿，充满愧疚地匆忙找了一张发过去。很快，孩子回复：呵呵，收到。

老师的样子好帅呀！帅不帅我最清楚，但从航的嘴里说出来，真的让我内心“帅”了好久。后来，当我看到航把我们级部所有六位老师的画像展示在休闲区的那一刻，我的眼睛湿润了。

航能如此快地接纳我，让我很欣慰。但孩子毕竟是孩子，仅仅拥有父母和老师的爱肯定是不全面的。应该鼓励他去和同龄的孩子多接触，寻找本该属于他的更加辽远的天空。

相比较而言，在C班航学习方面算是比较认真的，能主动完成各项作业，字也写得很漂亮。但由于语言的障碍，课堂上他很少参与活动，也许他是担心自己模糊不清的发音会让大家笑话。但明显看得出来，他是有发言欲望的。我想应该给他更多的发言机会，这有益于建立他的自信心，锻炼他说话的能力，也能让孩子们看到航的勤奋与努力，以传递班级里的正能量。于是每当航想发言时，我总是鼓励他勇敢地站起来，大胆地读出来，航读完后，孩子们都会自觉地给予他掌声，这掌声来自孩子们纯真而美好的心底。此时，航总是嘴角上扬，脸上挂着满足的微笑。

航在C班有他很心仪的玩伴，他最喜欢和薇在一起。薇天真可爱，总是毫无顾忌地拉着航和她玩耍。薇有什么写写画画的任务，航总是不遗余力地帮忙，薇有什么可以和航分享的也毫不吝啬……

11月5日，我们六年级所有师生到南海子公园进行游学。分组时，航主动加入了我所在的小组，孩子们那天玩得可开心了！我们一起爬树采集标本，一起站在河边打水漂，一起摆出POSE拍合影……看着航乐在其中，我心里真的很欣慰。

当然，航的“天空”里并不都是“彩霞满天”，时不时也会出现“雾霾”。“雾霾”的制造者大多数都是刚，刚是那种只要老师不在，必定要惹些事端的孩子。而且他还是个欺软怕硬的家伙，老实的航就成了他发泄的对象。趁老师不在的时候，刚总是在航身上搞些不疼不痒的恶作剧，不是拍拍航的头，就是戳戳航的背。航不胜其烦，便向我告状，于是刚总是因为航而被我训斥。哎，这帮特殊的孩子在一起，一定不会让你消停！

但这并不是让航最难过的，最难过的时刻则是每次检测后，总有一两个成绩过关的孩子升入B班，每当这个时候，总能看到航失望的眼神，然后是几天的不言不语。而此时，我总是感觉很无助，不知道该怎样去宽慰航。还好，现在孩子们回到自然班，这种情况不会有了，自己也感觉轻松些。但后来想想，孩子能经历一下这种挫折体验，也许更有利于他们的成长，更有益于他们的未来吧！

不知道航的父母给他起名“宇航”的初衷，我揣度许是想让他能够在高空中展翅翱翔吧！航能够健康快乐地成长，也是我们共同的心愿。

前几天，我把航的照片整理后，打包发给他。航很快给我回了短信：

高老师：

谢谢您送给我的这份美好的礼物，看到相片就会想起在一起的美好记忆。我非常高兴，高老师，谢谢您的关心！祝您身体健康，工作愉快！

爱您的学生：王宇航

凡的“不凡”

高学雷

“打死我都不相信!”

“不可能!”

“太阳从西边出来啦?”

“天方夜谭!”

……

当我告诉班里的孩子，凡这次拼音单元检测得到全班最高分 97 分时，班里一片哗然。缘何大家如此表现，不得不说说凡的过去。

凡的语文成绩差是出了名的，据说曾考过一位数（听别的老师说）。数学考一位数容易，语文想考一位数，难啊！呵呵，凡却做到了。语文成绩年级倒数第一毋庸置疑。

上学期，六年级分层走班，凡自然来到 C 班。几次语文检测，成绩在 10～40 分之间徘徊，从未上过 40 分。

说真的，只要不谈学习，凡是很可爱的：他懂礼貌，乐助人，爱劳动，

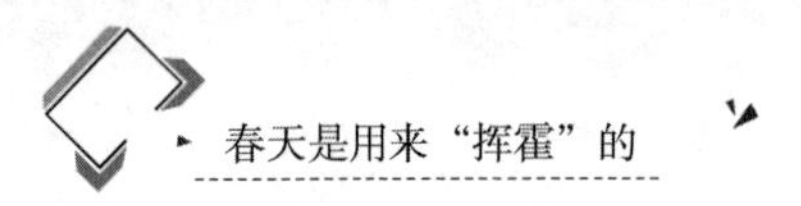

脸上总挂着善意的微笑，典型的单眼皮男生，一笑两眼眯成一条缝，宛若一尊减了肥的弥勒佛；时不时和同学闹点儿小矛盾，搞点儿小摩擦，一生气就满脸涨得通红……感觉挺普通的一个孩子！

这样一个孩子，成绩为何如此之差呢？总是要找出原因才行。

成绩的好坏很大一部分因素取决于学生的课堂学习状态，课堂观察是最重要的依据。我注意观察凡的课堂表现：他总是无法专注于手边的事物，不自觉地让思绪飘远，容易分心，常常逃避需要用心思考或集中注意力的教学活动；有一颗"见异思迁的心"，思考常常很快从一件事跳跃至另一件事上；记忆与时间观念通常不可靠，也无法管理好自己；课堂多动，而且时不时会喃喃自语。很显然他的专注力出了问题，且伴有多动症的表现。这应该就是凡成绩不理想的主要原因。

孩子是不是生来如此呢？接班不久，我就约凡的家长面谈。凡的妈妈如约而至，不过同来的还有抱在怀里的凡的妹妹，大概四五岁的样子，一直很不乖顺，和凡的妈妈的交谈在凡的妹妹不间断的哭闹声中无法继续，只得草草结束。

只言片语中也了解到凡的过去，没有凡的妹妹时，凡还是挺好的，成绩也不算差。但有了妹妹后，凡的妈妈几乎没有时间和精力去过问凡了，凡的爸爸工作繁忙，每天早出晚归，于是学习上几乎无人过问的凡表现越来越不尽人意。不过，从凡的妹妹的表现，感觉两个孩子都属于那种多动症表征。也许有遗传的因素在里面，不得而知。

用华东师范大学心理学教授、儿童与青少年心理研究专家、资深心理咨询师、家庭教育指导师、上海心理协会基础教育专业教育委员会秘书长陈默老师的话来说：这样年龄段的孩子这种表现没办法很快恢复过来了，等于判了"死刑"！给他一个自己的空间，让其"自生自灭"去吧。但作为教师，看着孩子，真的不忍心，也做不到放任自流！

凡的其他学科成绩如何呢？我和数学老师长青聊，长青老师说他的思维应该没问题，只是课堂上注意力不够集中，由于语文基础太差，很多字不会，导致读不通题目，弄不明白题意，造成解题错误，能否考个及格分数，还得看他个人的“造化”。英语呢，许杰老师说凡的英语成绩虽然最差，但是努努力或许能够考及格吧，毕竟小学英语需要掌握的就那几百个单词……

唉，要想让他语文考及格，我感觉像是天上掉馅饼！那为啥这次天上掉下了一个那么大的“馅饼”呢？

其实，凡的这次“不凡”，我并没有太多的惊讶。我很清楚，凡拼音方面取得这样的成绩也并非天方夜谭。

首先，这次检测属专项测查，题量小，难度轻，大多以选择、判断、连线为主，且没有阅读和作文，只是专项考查拼音方面的知识检测。而通常的考试，凡之所以分数低，由于他识字写字量只相当于低年级的水平，造成无法阅读和习作，加之专注力差，这两大项几乎不得分。

其次，凡在一二年级时，妹妹没有出生，妈妈照顾他的时间很多，对他的学习也比较关注，拼音知识掌握得并不差。

最关键的一点是，凡一直在进行拼音的复习巩固，从未间断。也许大家感到奇怪，这样一个专注力差的孩子，怎么可能坚持拼音的复习巩固呢？凡由于识字量小，需要读书或作业时，就必须借助汉语拼音。看看凡的书或作业，你会发现，很多字都是注音或用拼音代替的，且拼音的正确率很高。而一般的孩子进入中高年级后，就很少频繁使用拼音，渐渐也就生疏了。

忘不了凡得了第一名的那种忘乎所以的兴奋！对于凡，还有不到一百天就要小学毕业了，在这屈指可数的日子里，我该为凡做些什么呢？

和凡深聊一次被提到议事日程。周五放学后，他应约和我来到操场上，席草而坐。有了下面一段轻声细语。

“第一名的感觉怎样？”

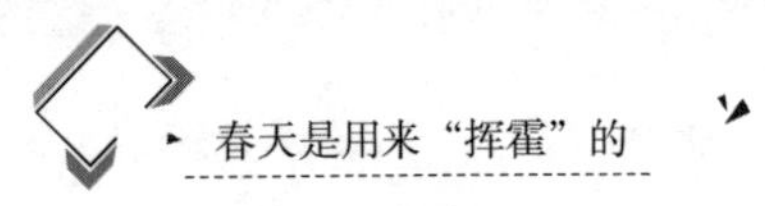

“从未有过的感觉！超爽！”

“能说说你拼音学得这么好的原因吗?”

凡咬了咬手指：“我上一年级时，妹妹还没出生，我是家里的宝！妈妈天天看着我学呢!”

“哦，我明白了！你后来学不好了，棒子要打在你妹妹的屁股上了!”

凡不好意思地咧了咧嘴：“不是，可能还是妈妈关注我少了，我就偷懒，不好好学的原因吧!”

“嗯，分析的在理！可见你的思路蛮清晰嘛!”我冲他竖起了大拇指。

“我在以前的那个学校老师同学都看不起我，讽刺挖苦我！我就干脆破罐子破摔!”凡说起以前的学习生活显然愤愤不平。

“‘破罐子破摔’你都会用，可见你语文并不差呀！只是你可能还没有找到更好的学习或者说表达的方法而已！不过，你这种破罐子破摔的认识可不好哦！你想想你是愿意像今天这样让别人用赞美的眼光欣赏你，还是老让人用瞧不起的目光轻视你呢?”

凡咬了咬嘴唇。

“你基础薄弱这是不争的事实，但咱有不能一口吃个胖子，让你立竿见影地就把语文提高到良好成绩，你看这样行吗?”我见他不说话就追问他。分明看到了凡眼中的希望之光，我便接着说，“拼音没问题了，我们就从字、词、句、段、篇开始补起，每天我们一起（我有事，会单独给你配个小老师)，一个星期一个小板块，六十分就算你过关，七十分奖励，怎样?”

凡认真地点了点头。

……

余晖拉长了我们两个的身影，回教室的路上，我心里一直期许：但愿凡将来能真的不凡！

心灵孤独的男孩

李竹平

大人给孩子取名，都会通过名字寄予美好的期望。只是中国的家长，更多的是将自己的人生寄托在孩子身上，而将孩子自己的生命需求忽视。家长和孩子，本应是“我”和“你”的关系，却异化为“我”和“它”的关系。家长用自己的人生理想来绑架孩子，而且还冠之以“都是为你好”的堂皇名义，这是中国家庭教育的普遍现象。

“博通”就是一个被寄予了美好理想的名字，博学多才，古今通识……拥有这样一个名字，无论是谁也都一定希望自己人如此名。但是如果家长给孩子取了这样的名字，总是执着于这名字的期望，孩子的成长可能就不轻松了，尤其很难拥有属于自己的童年了。

初识博通这孩子，我很欣赏他的“博通”，比班上的大多数孩子知晓的都广博，而且大胆自信，个子不高，运动能力却十分突出。听其他学生说，他在原来的班级担任班长。起初我觉得，既然众心所向，班长也就暂定是他了。但很快我发现，这孩子过于自我，十分要强，偶尔还会闹情绪，发生矛盾总是推卸责任。半学期后，经过几次谈话，班长换届，他改任文体委员，因为他运动能力突出，还爱好音乐。

数学、英语老师谈起博通，都说到了他的坏脾气和过于自我的问题，还说他与同学闹矛盾时眼神里满是愤怒。但无论如何，从智力上说，博通是一个聪明的男孩。他的过于自我，一定与其成长的环境有关，所以我很期待这次与他爸爸妈妈的谈话。

预约时间是中午，只有博通的爸爸来了。在我的印象里，从未和他的妈妈见过面。

谈话从向孩子提问开始。

“妈妈为什么没来？”“我也不知道。”博通回答时一脸无辜和疑惑。

“希望妈妈来吗？”“希望。”回答很肯定。

“平时主动和爸爸妈妈聊天吗？”“不怎么聊。”

“为什么？”“怕他们教训，总是说要好好学习，要带好弟弟。”

“有个弟弟开心吗？”“不开心。”

“能评价一下爸爸妈妈吗？”“考试考不好就打，就骂。”博通脱口而出。

“在家快乐吗？”“不怎么快乐，总怕爸爸妈妈教训。”

……

孩子回教室去了，接下来是和爸爸聊聊。

“刚才孩子说的这些，做爸爸的有什么想法呢？”我单刀直入。

爸爸也没思索：“这孩子贪玩。回到家，叫他带弟弟他就带，一有空就跑出去玩了。”

“出去干吗？”“到院子里玩。我住的房子后面有一个大院子，养了鸡鸭，还养了猪。他就喜欢往院子跑，一待就是一两个小时，逗那些小动物，有时跑到院子边缘爬树。太贪玩了。”

“贪玩是孩子的天性，您小时候也应该爱玩吧？”爸爸笑了笑：“那倒也是。”

“除了贪玩，没发现孩子有哪些优点吗?”“喜欢动手拆装玩具。买回来的玩具，总喜欢拆了再装，有时能装上，有时就拆坏了。我支持，但妈妈不乐意，经常教训他。”

“有没有想过孩子为什么不愿意主动与你们聊天?”“可能是我们经常提醒他要好好读书好好学习吧，在学习上我们要求很严。”

“除了要求孩子好好学习，没跟孩子聊过心事？不关心孩子心里想什么?”爸爸犹豫了一下：“的确是这样，还真没跟他谈过这些。”

“有了妹妹之后，孩子是不是觉得你们更喜欢妹妹?”爸爸想了想：“可能吧。一有什么，妈妈总是批评他，教育他要让着妹妹，要有哥哥的样子。没有考虑过他也还是一个孩子。”我笑笑，他也点头笑笑，表示认可。

“您说博通喜欢跟院子里的小动物待在一起，有时一待就是一两个小时。有没有想过他可能是有很多心思想找倾诉的对象？爸爸妈妈只关心学习成绩，从没关心过他心灵和情感的需要，他会感到孤独。爸爸妈妈给他的更多的是压力，他需要释放。这些都反映在他平时的表现当中。每天一下课，他就冲到操场上，一个人打篮球。他在家，因为妹妹而总是受到批评，在学校，与同学闹矛盾，他会寸步不让。孩子需要找回平衡，而不是考虑对错，因为你们在面对他和妹妹的矛盾时，关注的不是对错，只因他是哥哥，就批评他。不知我的分析对不对?”爸爸说：“老师讲得有道理。”

梳理出问题，还得给出建议。我们建议爸爸妈妈以后不要只关心孩子的学习成绩。孩子学习是很自觉的，成绩也一直不错，目前不用担心。要多关心孩子的心理需要，平等地、真诚地陪孩子聊聊天，甚至带他出去玩玩。我们还说，大人都是从小孩过来的，想想自己小的时候，同样贪玩，同样不喜欢家长总是找缺点说教，更不喜欢挨打。所以要多从孩子的角度想一想，让孩子感到爸爸妈妈不仅是关心他，还理解他、懂他。

与我们握手告别时，博通的爸爸说了很多表示感谢的话。但是，我们需要的并不是他们的感谢，而是他们能真正从关心“人”的角度来关心自己的孩子，让家庭教育发挥正能量。

孩子有没有一个快乐、美好、积极的童年，家庭教育可能比学校教育具有更大的影响力。

我是“演员”

许　杰

“你们这帮男生怎么这么笨啊，就这么几个动作都学不会!”几个女生嘴里嘟嘟囔囔地训斥着健美操队里的五个男同学。由于女生是这次健美操比赛的队长，男生们碍于她们的权威，不敢当面顶嘴，但个个都是一副不屑的样子。“我就不信我们学不会，再教我们一遍。”小泉不服气地说。女生们听出男生语气里的不屑，非常生气地说：“如果你们一遍学不会，怎么办?”“切，怕你们啊。”一时间，双方的气氛变得剑拔弩张起来。我在一旁悄悄地替男同学捏了一把汗。

音乐开始了，女同学迅速将前四个八拍的动作教了一遍，男同学在后面跟上都费劲，更何况学会。我刚才在后面观察，也是连动作都没有记清楚呢。这下女同学抓到了把柄，大声喊道：“怎么样?”男同学各个垂头丧气地低着头，既不道歉，也不退让。哎，虽说我是一位女老师，虽然女同学健美操的确比男生好，虽然女同学确实练习比较辛苦，虽然她们很负责，但是，我实在看不惯女同学这么欺负人，不得不说：“这不公平，这么快的速度，任谁也学不会啊！更何况你们几个领舞的都练习多久了，他们这些新学的男生怎么可能这么快就学会，你们动作速度这么快，也没有分解动作，谁能学会啊!”男生看到有我的“拔刀相助”，顿时士气高昂。“老师，你怎么不帮我们，说好帮我们‘治理’这些调皮男生的，我们正给他们‘下马威’呢。”小姿把我拉到一边，不满地说。“不是我不帮你们，关键是你们太欺负我们男生了。”“老师，你什么时候变成男生了?”“男生受到你们歧视，我得给他们打气，我现在就是男生，你们也一起教我，如果我们都没有学会，就是女生没有能力。”

女生开始认真地教男生健美操动作，“不行，这个动作太难，我们男生都学不会，你们再跳慢一点。这个动作要帮我们男生分解开来……”我一直混在男生堆里，对女生的教学提出质疑，慢慢地男生跟上来了。他们开始对自己有信心，动作也都记熟练了，只是还跟不上音乐。这时，我们男生开始要求中场休息，女生们迫于有我在男生这边，只好休息。上半场男同学在我的帮助下进步突飞猛进，女同学气焰暂时得到“压制”。

休息结束，女同学要求男同学上场，继续练习，以便配合音乐，熟练动作。但是，此时男同学开启了“无赖”模式，一个个小声说:“不是都练习过这些动作了嘛，我们都会了，我还没有休息好……”软磨硬泡拒不配合。女同学真是拿他们没有办法。我又一次“弃暗投明”，站到女生队里，“抓紧起来练习，今天的任务是能够熟练跟上音乐，谁先做到，谁可以休息，否则放学后还要留下排练。”我大声宣布。“老师不是跟我们一伙儿吗?”他们开始小声嘀咕。听到先学完可以休息，后完成要单独留下，也许碍于情面，不想丢脸，也许是男生天生的斗志被激发出来，他们开始认真练习起来。不久，我们的任务就顺利结束了。他们开玩笑地说:“老师，您到底是男生还是女生啊?”

在一个班级里，哪个人有困难，我就去帮助哪个人，我就会站在他（她）的角度看问题，想问题。我可以站在有困难的同学的立场客串“不同的人”，更何况只是暂时充当“男生”。因为我是老师，也得是一个“演员”。

再小心一点

陈　超

我曾经反思过不经意的伤害有多么可怕，现在看来，仅仅反思还是不够的，就在前天，我又犯下了同样的错误。

刚开学，学校举办绘画书法大赛。班里几名同学在我的鼓动下报名参加，并且通过努力，获得了相当不错的成绩。一位同学获得书法一等奖，另一位同学获得了绘画二等奖。这本应该是很高兴的事，却造成了意想不到的后果。

周五，美术老师要求获奖同学去三楼体育馆参加周一升旗颁奖的彩排。我通知宇航到时去体育馆，由于宇航听力的原因，我怕同学的话他没听清，又特意叮嘱了两遍。吃过午饭，宇航过来找我，询问是不是要去体育馆。当时他问我可不可以带一个同学一起上去，我没多想，以为这是再简单不过的一件事，为什么还要找同学陪呢？因此，我还是坚持让他自己一个人过去了。

没想到，就是因为他自己一个人上去，才造成了许多麻烦的事情。没过多久，宇航自己走了回来。我一问，才知道是他没找到人。在我看来，很正常，可能是负责的老师去晚了。我随口告诉他，再去一趟，稍等一会就可以了。他有点无奈地又去了一次。看着他似乎听懂了我的话，我也就没太在意。

很快，午课开始了。我突然发现，宇航居然还在班里。他不应该是去排练吗，怎么这么快就回来啦？我当着全班同学的面，对他没好气地说：“你确定是去体育馆了吗？真的没人吗？”

宇航应该是听清了我的话，可是他不敢开口，只是在那里摇头。我看问不出来什么，就让小胖上去看看到底有没有人。果不其然，过了一会儿小胖跑下来告诉我体育馆有很多人，还有老师在带领他们彩排升旗。我一听之下，断定宇航肯定是没有仔细寻找，只是敷衍了事。想到这，我生气地让他赶紧上去再看看，就找那个负责升旗的老师。

宇航去了，他是低着头去的。快下课时，他回来了，依然低着头。我拉住他问：“你之前真的没有看到人吗？”他张了张嘴，没有说什么。我再次逼问。宇航甩开我，走回座位，一头趴到桌上哭了起来。

下课后，有的同学过来跟我说：“老师，我觉得你跟宇航那样说话不是很好，应该再温柔一点。”我何尝不知道应该温柔点呢，可是自己的这个急脾气看到他那样就没办法温柔起来。我笑了笑，实在不知道该说什么。

过了一会儿，同学们都去其他教室上课，只有宇航一个人还趴在桌子上。我过去拍拍他，希望能缓和一下他的情绪。宇航抬起头，脸上依旧挂着泪水。我以为他是因为我说的话伤心，只好等一会儿再聊。情绪渐渐稳定之后，宇航终于把他心里的委屈告诉了我。

其实并不仅仅是因为中午的事情，在宇航自己心里，他一直因为自己的听力和说话问题感到自卑。他总以为别人会嘲笑他，会认为他是傻子，因此一直以来他从不敢大声说话，他生怕别人听到之后会把他视为异类。更让他难过的是，爸爸妈妈每天都为他的事情操心，常常失眠。这些都成为一个小孩子心里沉重的负担，他没办法跟别人说。

听了宇航的话，我突然想起来，中午他并不是没看到体育馆有人，而是他自己不敢上去问那些人到底是干什么的。他是怕别人把自己当成怪物啊！我当时非常后悔，如果能找个同学陪他上去，是不是就不会有这些问题了？

我只好尝试安慰宇航，让他相信在班里并没有同学会因为他的这些缺点嘲笑他，还鼓励他以后主动跟同学们大胆交流，主动去交更多的朋友。他应该是听懂了我的话，因为后来他跟我说话时已经能大声说了，而且我基本能够清楚地听懂他说的内容。

尽管如此，我还是没办法原谅自己。如果我在处理事情的时候能再小心一点，能不那么着急，宇航也不会因为这件事情感到没面子，更不会因此伤心。不过，从另一方面来看，我也很庆幸有这次误会。宇航能把自己心里最难过的地方告诉我，过去我一直以为他只是害羞，从来没想到他会如此自卑。虽然现在知道得有点晚，但我相信一切都还来得及。哪怕仅仅是短短三个月的时间，我也希望能用自己的力量给宇航一点快乐，最起码让他知道，同学们没有人会嘲笑他。

孩子的心灵真的是非常脆弱的，正因如此，我们不得不小心点，再小心一点。保护孩子们幼小的心灵，首先要从自我开始。

哦，那封“情书”

高学雷

午间阅读时段，我与孩子们一样，正埋头看书。

“把它给我!”震破耳膜的一声大吼来自超。大家刹那间抬头聚焦到如怒狮般的超身上，顺着超的怒目直射方向——航如一只受了惊吓的羔羊，不知所措地蜷缩在座位上，手里那张折得皱皱巴巴的纸似乎在瑟瑟发抖。

“过来!”我声音不大，但语气严厉。两人随我走出班级，来到休闲区。当我再次和超的目光相遇时，她的眼里已没有愤怒，而是一丝的胆怯。这是一反常态的!大家都知道超的火爆脾气，正因为如此，班里同学都称其为“女汉子”，平时都怕她三分。今天她此刻的表现，让我知道她肯定理亏。果不其然，航仿佛因为我的存在而底气十足，他把那张纸递到我手中：“老师，这是一班的一位男生让我退还给超的，是超上学期在 B 班时写给那个男生的。”再看超，此刻由怒狮变成了绵羊。我目光落到那封所谓的“情书”上，只见密密麻麻写满一张纸，字迹娟秀，要比平时作业更加认真。扫了一眼写信时间，竟然是三个月以前写的。“老师，求求你别告诉我爸，行吗？不然，他会打死我的！”超的眼眶中充满泪水……

悠扬的音乐响起，那是下午第一节课上课的铃声。我示意航和超先去上课。航走了，超却一直乞求我：“老师，求求你！别告诉家长行吗?”“谁说要告诉你家长了？你先去上课吧，放学后，我们一起聊聊这件事吧。”我拍了拍超的肩膀。望着超远去的背影，我不由想起三十年前自己的首封“情书”给自己带来的伤痛……

20 世纪 80 年代中期，改革开放的春风吹遍祖国大地，大江南北到处飘着邓丽君的《月亮代表我的心》。城市里十五六岁的初中生时髦十足：男孩子穿帆布夹克衫、喇叭裤，留长头发，嘴里哼着土味十足的《黄土高坡》，脚下却跳着来自欧美的太空步；女生们的长裙也在逐渐缩短，有大胆的背着父母把直直的长发烫成了“鸡窝”……男女生们彼此彰显着一颗颗躁动的心！

我是一个农村考进市里重点中学的孩子，瘦小的我自然少不了受到班里那些城市弄潮儿们的嘲弄。梅是我们的班长，不仅学习好，且长得漂亮，心地也很善良。她是班里唯一一个不嘲笑我的城里人。当别人嘲笑我时，她总是行使班长的权利，给那些家伙以颜色，让他们不敢再胡作非为。我们彼此在学习上互帮互助，有时候她会从家里拿些我从未见的好吃的东西给我。渐渐地，我深深地喜欢上她。初三下学期的一天，我竟鬼使神差般洋洋洒洒写了一封千余字的“情书”，看到教室里没人时，悄悄塞进梅的书包里。没想到，就是这个小小的动作差点儿毁了我的一生。那时候的梅，用现在的话说就是班里的“班花”，喜欢她的多了去了！我的行动被一位喜欢梅的“弄潮儿”看到，他悄悄拿走了那封信……第二天，班主任黑着脸把我叫到办公室，毫不留情地把我痛骂一顿。当我离开时，班主任低声嘀咕道：“癞蛤蟆想吃天鹅肉！”声音虽轻，却像巨石一样压在我稚嫩的心上！老师的这种言行，甚至比失恋更加让人痛苦！从此，我开始讨厌学校，讨厌班级，讨厌周围的一切……那一年我中考失利，与中专录取分数线一分

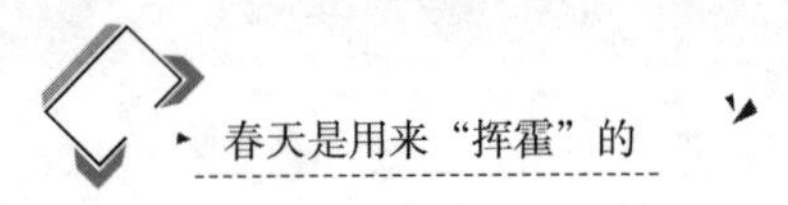

之差，被迫复读了一年。苦读一年，我的中考成绩比录取线高出几十分，但我还是报了师范学校，也许就为了一口气！我要做老师，但绝不做我初中班主任那样的老师！

放学后，操场上，我和超边走边聊。

“孩子，彼此喜欢，是一件美好的事情。这和你看到喜爱的鲜花，会不由自主驻足观赏；买到心仪的书，会废寝忘食舍不得放下……是一样的。一切美好的事物都会让我们喜欢。你对某同学的好感，也只是喜欢而已。等到你长大了，自然会明白什么是爱情，怎样去恋爱……”我不确定这些话超全能听懂，但我还是说了。

小学生写情书，已经不是什么新鲜事。但我们到底该如何看待或处置这类事情呢？作为一名小学班主任，我们不得不面对，不能不思考。

我曾看过一篇相关文章，大概内容是说小学生写情书，多是“有所思，有所感”而后的“有感而发”，他们并没有真正搞清楚什么是爱情，也不可能在心理、生理上真正成熟。所谓的“情书”，多是对异性的朦朦胧胧的好感，说是“爱情”尚为时过早，充其量就是他感觉到内心情感的波动，以及不由自主地用语言和文字来表达心中的“美好追求”而已。就像是到公园看到美景，家里有些可爱的小动物一样，以文字表达出来多是单纯局限于内心情感的真实流露，而非具有太多的“早恋”性质。由是观之，我们更应该从中看到小学生们可爱的一面，以及他们勇于表达和娴熟掌握语言文字知识的令人欣慰的一面，而不是“一棒子否定”式的防范、戒备学生“早恋”。

对小学生用稚嫩笔端写出来的情书，家长和老师不妨一笑了之。让小学生写“情书”，天塌不下来。但理性看待和宽容视之，并不代表可以放任放纵。新时代小学生这么早就写出了“情书”，根源上还是与社会外部环境有关。时下，各类社会信息传播迅速，网络极为发达，手机上网成为时尚和主流，电视电影早已成为公众最熟知的传播媒体。在讯息时代来临之时，一些成人的、负面的信息也在无孔不入，侵入小学生群体、未成年人群中。“叔叔阿姨们”的爱情，实际上已经潜移默化影响了孩子们，让他们在心理和情感上更趋于早熟，一些不健康的信息也在时时侵蚀着他们的身心健康。这才是问题的根源。因此，我们一方面对小学生情书持以理性态度，另一方面，应该将更多的视角转向净化外部社会环境，包括网络的、社交的、家庭的和学校的，等等。现代人无法做到将孩子们完全置于“高度纯净”的环境中，但尽可能给他们一个“心无旁骛”的纯洁的学习和成长环境，是社会和每一个成年人的责任。

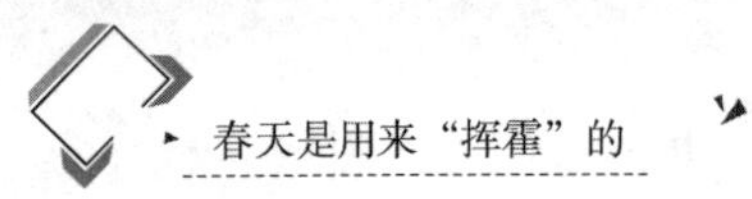

亲手种下一棵菜

许　杰

“老师，您好，这是我们科学社团在‘开心农场’种植的蔬菜，请您品尝！”一个清脆的声音将埋头备课的我唤醒。抬头见两个四五年级模样的孩子抬着个大纸箱走进我们办公室，“谢谢你们，辛苦了！”我礼貌地回应。“不客气，老师，你们一定要品尝哦，这是我们亲手种的蔬菜！”说完，回头看着放在地上的小白菜，有点不舍，但还是冲我笑笑，轻关上门，跑开了。

看着满箱子绿油油的小白菜和香菜，满眼的新绿，备课的辛苦和劳累暂时离我而去，此刻的我不自觉地眼角挂着喜悦，或许是这样诱人的绿色勾起了肚子里的馋虫，心里一遍遍盘算着晚上用这些蔬菜做什么美味犒劳自己；或许是感谢学校能在本就不够用的教学楼顶上建“开心农场”，给老师和同学提供这样的“福利”。不过，心里终究有一个身影挥之不去，让我想到就会不自觉地会心微笑。

我和那个送蔬菜的孩子并不认识，但他却反复叮嘱我一定要品尝。看他那般小心翼翼地对待那些蔬菜，那样真诚，那样想要与人分享，那样想要得到别人的赞赏和肯定，就像一个辛勤劳动的“农夫”，收获了自己的果实，期待有人品尝。如果是从超市或者市场上买来的蔬菜，我想他就不会如此小心翼翼。

在“开心农场”，每一个参与播种的孩子都像是一个农夫，亲手种下蔬菜种子，然后去浇水、施肥、照顾，期待着种子发芽，盼望着芽苗长大，守望着收获和幸福。在这样的过程中，他们跟生命一起完成成长的历程，他们不再是一个孩子，而是默默耕耘、坚守希望的“农夫”，他们慢慢学会敬畏生命，感恩生命。

现代社会，孩子们从小便生活在都市，在钢筋和混凝土中间，很多孩子都没有机会去接触田间大地，也无法体会耕耘与收获。所以，当“天街小雨润如酥，草色遥看近却无”的初春到来时，孩子们迫不及待地想要出去踏青。虽然，人对自然的向往是与生俱来的，但是人对自然的敬畏却不是与生俱来的。所以，当他们走进公园时，会一时“贪玩”折断树枝，践踏草坪。有时，看到这样的场景，像我们做老师的，难免会犯职业病，少不了上前一顿教育。说来说去，难免不是老生常谈：破坏花草树木是不文明的行为，破坏花草树木就是破坏环境，破坏环境会给人类造成灾难……

也许我们要大费周章把它上升到道德高度，期待以此约束孩子，抑或是我们要将其与人类命运相连，期待以此震慑孩子。但不管是哪一种，我们都是在借用另一种标准在要求孩子。殊不知，孩子从来就没有亲手种植一颗种子，亲自照料一株植物，怎么知道生命的不易，又怎会爱惜生命，敬畏生命。也许最好的方式，就是让孩子亲自种下一棵菜，让他陪伴着一个小生命一起成长，体验播种的兴奋、培育的辛苦、收获的喜悦，让他和生命之间建立最直接、最亲密的联系。这样，在他以后的生活中，那些自然中的生命便不会那么平淡，甚至被他当成理所当然。就像那个给我白菜的小男孩，或许今天晚上他的餐桌上也会有小白菜，我想在他吃下小白菜的时候，一定不当作是“理所当然”，至少他知道收获的不易，因为他曾陪伴着一棵棵菜苗一起成长。

定住未来　锁定方向

陈　超

即使已经过去了好几天，相信我们的孩子还无法忘记那天在烈日炎炎下挥洒汗水，收获成功的时光……

学校的课程特色之一是每个月都有一天暂停传统课程的学习，在这一天，老师和学生们以另一种形式接受新的知识，这就是非传统课程日。估计我这个定义也不一定完全正确，这不怪我，目前官方对这一新生词汇也还没有准确的解释。

不管怎样，这一天注定是与众不同的。我们级部在参考国外学生必须做的几十件事之后，决定在这学期举办一次定向越野活动，就算是非传统课程日了。

定向越野在之前完全没听过，我想当然地理解为野外生存考验。也难怪班里好多学生直到出发前，还跃跃欲试地想要带把刀，以防遇到毒蛇猛兽好用来自保，他们跟我这个老师一样，完全没理解定向越野这项活动。这个困惑直到他们来到现场才不说自破。

可是另一个困惑在活动还没开始就令我不解，那就是分组问题。活动要求将学生每 8 ~ 10 人分成一个小组。班里男生比较多，率先成为一组。我原本以为仅剩的 8 个女生会自动成为一组，也不需要我担心。谁承想，问题就出现在这 8 个女生身上。原本平时看似玩得来的孩子们，这个时候都打起了小算盘。8 个人居然分成两组，无论我怎么说，就是不想组合在一起。其中瑶瑶这组三番五次地跟我说想让我加入她们，以此来解决组员紧缺的局面。

出现这个情况主要是孩子们还没有学会宽容、大方地去接待每一个同学，更没有懂得团队合作的重要意义，这正是本次活动我希望他们能够体会的。于是我当天晚上跟瑶瑶在网上聊起这件事，最后让她们自己先想办法，试着去寻找新的队友。

第二天还没到中午，瑶瑶就拿着他们组的名单过来给我看，我很惊讶，他们居然加进了三个男生，而且还有平时总是斤斤计较的小胖。这样的组合能融洽相处吗？我深表怀疑。不管怎么样，他们已经在合作的道路上迈出第一步，尝试宽容地接纳每一个同学。

等到活动当天，我按照约定加入了瑶瑶他们组。也许是我的加入，让他们每一个人都更加放心，就连走起路来也是一个个昂着头、挺着胸。也不知道他们是不是真的明白指导老师的讲解，能否将任务出色完成，反正我是一点都没听。

活动开始了。孩子们自己拿着地图，熟练地使用指北针，确定好方向后开始寻找第一个目标点。我看着他们熟练地操作、密切地配合，不由得感到惊讶。惊讶的不仅仅是他们能在这么短时间就学会老师讲解的新知识，还有他们在活动一开始就表现出的合作意识。按理说在接触新的事物时谁都会新鲜，小孩子肯定抢来抢去，尤其是这里面还有一个特别爱逞能的小胖。可是他们居然能够合理地分配工作，这让我真没有想到，之前不还因为分组弄得无法调和吗？

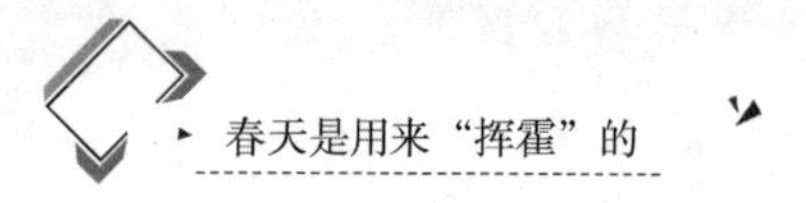

组里最细心的瑶瑶虽然被指定为队长，但是她并没有自己霸占指挥大权。她在记住地图的内容之后，让其他组员轮流传阅，做到心中有数。指北针这个重要的装备她也没有攥在自己手里，而是交给了能够熟练使用的小胖，希望他能够起到一马当先的作用。最后真的就是靠着小胖的勇往直前，他们才取得优异成绩，这是后话。雯雯由于带了手机，她负责拍照记录队员的活动，给大家留下美好的回忆。同时还要记录随机出现的重要答题线索。其他组员作为机动人员，随时去打探所要寻找的目标点的位置。

看着他们不仅可以熟练地使用工具，更重要的是合理地分配工作，我真感到难以置信。也许这就是活动的魅力，身处活动之中，孩子们其实已经学会合作与共享。否则，他们是无法完成这个任务的。

我这个“保镖”倒也落得个清闲，跟在后面看着他们跑前跑后。他们一个个比我兴致都高，每一次找到目标点，孩子们爆发出的欢呼声连我都感动了。

整个过程，我只在一开始给了他们一点指导。当我拿着地图时，小胖甚至会过来抢走，他认为这是自己的任务，自己就更应该弄清楚每一个问题。当孩子开始拒绝外界的帮助，自己独立完成任务时，或许我们可以把这个称为成长吧。

就这样，当孩子们围着公园绕了一整圈找到最后一个目标点时，整个团队都无法抑制那种胜利的喜悦。我赶紧提醒他们最后还要再回到起点才算完成任务。听到这个，尽管他们还想继续沉浸在胜利的喜悦之中，每个人还是迅速收敛情绪，继续向起点出发。要知道，以往在班里要求他们迅速做一件事不知道要多难。又是活动让他们学会了集中精力完成眼前最重要的目标。

最后的结果可想而知，我们这个小队以最快的速度完成所有目标点的寻找。就连活动的指导老师也感到惊讶，他们还没见过小学生能够这么快完成整个线路的寻找。孩子们没有理会老师的惊讶，得知自己获得第一之后，他们马上就把我“抛弃”，自己跑到一边庆祝去了。

中午在一起吃饭时，孩子们纷纷把自己带来的食物拿出来，摆在一起，分享着彼此的美味。我最后让他们每个人说一个关键词，来总结获得胜利的原因。有的说合作，有的说团结，有的说运气，有的说努力。当听到这些词语从他们每一个人的嘴里说出时，我知道在这次非传统日课程中，孩子们虽然不清楚老师预设的目标是什么，但是最后每一个人都已经把课程的目标融入自己身上。相信带着这样的理解，当他们每个人再次面对这样的活动时，都会是团队里最出色的一名成员。

定向不仅仅是定住具体的事物，更是锁定每一个孩子将来前进的方向。这个方向只有让孩子们在每一次活动中不断体验、总结，他们才能真正理解、接受。我很高兴，在这次活动后几乎没有人仅仅用好玩来评价。大多数人都说，我还想再体验一次！

除了陪伴，还需要等待

李竹平

每名学生的表现都不会没来由，根深蒂固的行为习惯背后一定有其特殊的成长背景。认识到这一点，我才有信心和耐心面对每一个有“个性”的学生，并通过共同构建班级生活，一起书写充满正能量的成长故事。

1

第一次家长会是在学生开学前一日。几十位家长，每一个面孔都是新的。我知道，从家长身上或多或少能看到孩子的样子，但第一时间我的注意力全部被小岗的爸爸吸引了。那是一个沉默寡言的高个子男人，从开始到结束，整个家长会上一言不发，连跟邻座的家长也没说一句话。有点酷，也有点落寞；有点骄傲，更像有点缺乏自信。我的脑子里一直在猜想，这会是一个怎样的爸爸，他的孩子会是怎样的呢？

家长会一结束，我就开始从家长们填的信息表上寻找答案。那份只写了爸爸信息、妈妈缺位的信息表很快就让我联系到了那个男人。学生姓名一栏里写着：小岗。

小岗就这样第一个走进了我的视线，一个个子中等的小男孩，乍看上去比其他的男孩子都天真，细细观察，眼神和动作里却透着一股桀骜不驯。第一天，他就当仁不让地成了主角——接二连三地有同学来告他的状，主要是女生。不过，都是些鸡毛蒜皮的小事，在我看来，五年级的学生自己应该能够很好地处理。开学第一课，我让学生们各自拿着纸笔去找老师为自己写新学期寄语，回来的时候，大多数学生都至少得到了五位老师的祝福，小岗只收到了三位老师的寄语。整队放学时，女孩凡又一次告小岗的状，说小岗故意踢她。小岗歪着脖子，眼神飘忽着，摇摇晃晃地走过来。我还没开口，他脸上带着无所谓的笑，先说话了："搞啥玩意儿？老师，不是……不是……是她先惹我的。"见我笑而不语，只是盯着他，很快，他低下头不再言语。一会儿，他又偷偷地转了一下头，用威胁的眼神瞥了一下凡。或许是为了早点脱身，小岗很快承认错误，言不由衷地向凡道了歉。

我意识到，小岗将会带来更多的故事。

原来，小岗早已是"名人"了。在以前的学校里，他是全校闻名的调皮大王，从一年级开始，老师就彻底对他没辙了。对付他的唯一办法，就是在上课时"隔离"他，让同学们疏远他。但是，这根本阻止不了小岗变着法儿地制造"事端"。

小岗真的是这样一名不可救药的"问题"学生吗？种种迹象表明，小岗的顽劣主要表现在两个方面：一是捣乱，或说恶作剧，如扔同学的东西，弄坏同学的书本文具，拿玩具"偷袭"同学；二是暴力，一点小事就动手动脚，尤其是针对女生和比自己弱小的男生。

事情的根源在哪里呢？只有找到根源，才能找到与小岗交心的切入点和改变他的突破点。

有一点是肯定的，在以前的学校和班级里，小岗已经被边缘化了。一个被人为边缘化的儿童，必然会产生更多的心理问题，捣乱和暴力，或许只是为了引起别人的注意，证明自己的存在而已。所以，我决定给他点事情做做。我在班上宣布，将由小岗担任班级纪律监督员。孩子们先是哗然，当我问他们是不是不信任小岗时，他们马上明白了我的想法，大声回答：“信任!”我问小岗：“你能当好纪律监督员吗?”他想了想：“应该行吧。”这个学期里，他虽然没有成为一名合格的纪律监督员，却从那一天开始，每天都认真做好一件事——负责整好队去餐厅吃午饭。

也是在成为班级纪律监督员的同一天，小岗在餐厅里忘乎所以地玩起了“飞碟”——将餐盘远远地扔进餐车，整个餐厅的人因此都将目光聚焦在他的身上。餐厅的服务员却见怪不怪，她们在原来的学校早就习惯了小岗的这一套。同样是这一天，小岗打哭了班上另一个男孩，不过是为了一张游戏卡片。也同样是这一天，小岗跟往常一样承认错误，却照样犯着错误。还同样是这一天，我让小岗帮着搬花盆，他一愣：“我？我行吗?”我说：“你，当然行!”他挠挠头，犹犹豫豫地开始搬起来。很快，他就搬得有滋有味，楼上楼下地跑得欢。搬完了，他很开心地跟我说“再见”。

放学前，我找小岗聊天，让他评价一下自己这一天的表现。他犹豫了半天，小声说：“不好吧?”我告诉他，今天虽然犯了点错误，但也有很多不错的表现。我说要将他今天的好表现都告诉他爸爸，问他愿不愿意，他半信半疑。在他明白我是认真的之后，他马上点点头，似乎有点羞涩。

正好是爸爸来接他，我当面表扬了小岗一番。他爸爸浅浅地笑笑，小声地说了声“谢谢老师”，然后叮嘱小岗跟我说了声“再见”，骑着摩托车走了……

2

再次在餐厅吃饭时，我让小岗坐到对面，与他聊了起来。

“小岗，愿意跟我聊聊你的家吗?”

他似乎有些不愿意：“聊啥？没啥子聊的呢。”

我不想勉强："不想聊吗？不想聊咱就不聊。"

"聊就聊呗。老师，您说聊什么？"他突然改变主意，或许是发现我并没有要批评他的意思，而是真的想同他聊聊。

"那就说说你家里都有哪些人吧。"

"爷爷奶奶都没了。"他脱口而出的是这句。

"说说有的。"

"我，我爸，还有我姥姥。然后就没有了。"他答得特别干脆。

"能说说妈妈吗？"我试探着问。

他歪着脑袋，望向天花板，又回过头来，还是一副无所谓的样子，"没什么可说的吧？她也不跟我们住一块儿。"

"她什么时候不跟你住一块儿的？"

"我也记不清，反正我还很小的时候吧，可能是读幼儿园的时候。"

"她来看你吗？"

他想了想："不怎么来。好长时间才来一次。"

"妈妈对你怎么样？"

"我不知道。"

"她结婚了？"

"我不太清楚。哦，我记起来了，是跟一个男的住一起。"

"你平时跟谁住一起？"

"有时跟爸爸住一起，有时跟姥姥住一起。"

"不是在一块儿？"

"没隔多少路呢。"

"爸爸对你好吗？"

"好呀。"他毫不犹豫。

"老师，我可以走了吗？"他开始张望，有点待不住了。

我答应了，一转眼，就不见了他的踪影。

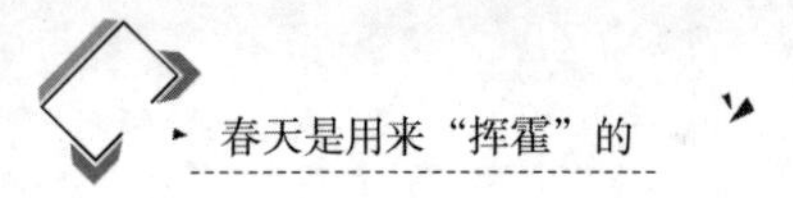

我想，他早就“习惯”了没有妈妈的生活。一个对于妈妈是否存在无所谓的孩子，他的内心深处是否藏着不为人知的秘密？真正进入他心灵的密码到底在哪儿？

3

小岗很快成了老师们谈论的热点。英语老师说他上课总找身后的申说话，视线一离开他就转过身去，真拿他没办法。其实开学初英语老师就注意到他，为了防患于未然，还让他当了英语学习委员。可他就是管不住自己。科学老师说他上课捣乱，为了“收买”他，下课后留他帮着收拾科学教室。我们讨论他行为背后的原因和动机，我告诉两位老师，可能他就是希望通过一些出格的行为引起老师的关注。作为单亲家庭的孩子，他比别的孩子更渴望获得他人的关注。在我的课堂上，他不仅不捣乱，有时还举着手要读课文。或许因为我是班主任，与他接触的时间多，他感觉到了我对他的关心。

想到阅读能够滋养儿童的心灵，我希望将小岗引到阅读的道路上来。教室里添置了很多图书，中午有半个小时的读书时光，越来越多的学生能够沉浸在阅读的安静和幸福里。小岗却对任何一本书都不感兴趣，当其他孩子都捧着书阅读时，他屁股不沾凳，扑棱着臂膀，大摇大摆地在课桌间穿行。一会儿，他趴到一个男孩的肩上，不知找了什么话题，聊得火热。我走过去，摸摸他的头，他迅速躲开，拐了一个大弯，却走向门口。我喊住他：“小岗，你瞧大家在干什么？”

他皱一下眉头，有点无所谓地说：“这些书是什么玩意儿！尽是字，没啥图，不好看。”

“那你找本有图的看啊。”我走过去，再次伸手摸摸他的头，这次，他没躲开。

“看不懂，没啥意思。”虽然这么回答，他还是硬着头皮去书柜那，翻翻这本，看看那本，直到上课，还没选定要读哪本。

我知道，读书的兴趣不是靠说教激发的，得用活动慢慢吸引他。

记得第一节阅读课上，我让孩子们围坐在我身边，听我读《夏洛的网》第三章。绝大部分孩子安安静静地坐在我身边，小岗因为好奇，也积极地围过来。很快，孩子们就被情节吸引，听得津津有味。同样很快，小岗耐不住性子，目光游移，还伸手拉旁边的孩子，希望人家能陪他说话，结果被拒绝了。小岗锲而不舍，三番五次地拉旁边的孩子，我只好请他离大家远一点，坐到后边的座位上。他实在无聊极了，坐了一会儿，干脆在桌子上躺下来，一只手撑着脑袋。我发现，他也在听了。当时我想，阅读应该还是能够吸引小岗的。还记得在学习《天窗》的课堂上，小岗一次又一次地要求朗读课文，如果没有让他朗读，就会露出一脸的失望。虽然他对教室书柜上的图书是那么不屑，理由是没有好玩的图画，但这并不能说明他无法走进阅读的世界。我在读完第三章后，趁着孩子们急于知道故事的来龙去脉时，布置他们每人买一本《夏洛的网》，作为共读的第一本书。

第二个星期，所有的学生都拥有了一本《夏洛的网》，唯独小岗迟迟没有。我渐渐明白，让他爸爸给他买一本《夏洛的网》的可能性不大，再说，即使买了，小岗能看吗？

假如，我送他一本呢？

又一个读书时光，小岗无所事事。我拿来一本《夏洛的网》，说要送给他。旁边的孩子满脸的羡慕，小岗却半天没明白发生了什么事，一脸的疑惑。等明白过来我要将书送给他时，他竟无可奈何地摆动着脑袋，犹犹豫豫地接过去，随便地翻了翻，塞到桌洞里。我不得不觍着脸“讨好”他：“小岗，我送你的书也不读读？不想给老师面子吗？”他有些不知所措，不好意思地笑笑，扭扭脖子，两手漫无目的地在桌子上下抓抓，终于把《夏洛的网》又拿到桌子上，坐下来，耐住性子开始翻看。我摸摸他的头，走开了。

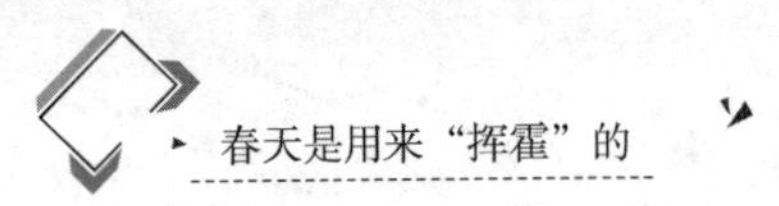

我转过身来，发现小岗又将书塞到桌洞里，自顾自地玩起修正液来。此时此刻，我是再走过去提醒他，还是装作没看见呢？我在权衡着。再看看其他的孩子，大多捧着一本书看得津津有味。在这样的环境中，小岗依然对书毫无兴趣，我的提醒又有多大作用呢，我放弃了。

4

时间悠悠地过着。小岗在我的关注下的确有了不少的改变，甚至有一个女生主动提出要跟小岗同一个小组，要陪着小岗一起进步。当然，小岗依然会有很多时候管不住自己，甚至有其他班的家长到学校来告他的状。但我清醒地知道，小岗的成长不仅需要持续的关注和关爱，还需要耐心地等待。

有一次，五年级三个班要各推荐两名旗手，我毫不犹豫地推荐了小岗。负责升旗仪式的王老师看了看我，我明白她想提醒我是不是太随意了些。我笑笑说：“放心，小岗能行。”

我把小岗喊过来，告诉他被推荐当旗手。小岗习惯性地挠了挠头，锁紧一边眉头，一副不知所措的样子。我故意问他：“怎么，觉得自己干不了？”他马上嗫嚅：“不，不是。”“有自信？”这次他回答得很清晰：“有。”“那就跟王老师去吧。”

王老师冲我笑笑，带着小岗和其他几个孩子走了。

在很多老师眼里，小岗一直是个给他们添乱的主儿。起初我曾推荐小岗当面具评委，后来负责学生活动的老师又一次让我推荐一名学生参加活动时，在我开口之前特别关照——不能推荐小岗。这让我感觉对小岗有些不公平，毕竟都是成长中的孩子，他并没有自己故意要变成现在的样子。

在几天的排练过程中，小岗一直表现得比较积极。王老师与其他老师聊起小岗时，说他其实和别的孩子一样，总希望能表现自己。听到这话，我心里突然觉得得到了安慰。

有次进行升旗仪式排练时，下着细雨。孩子们依旧热情高涨，似乎这北方深秋的雨变成了南方暮春的雨。小岗在参与升旗手的排练时，一直很认真。后来回到班级队伍中参加节目排练，我发现他一直很专注，没有招惹一个人。

小岗顽皮，甚至被冠以顽劣之名，其实他只是一个十分缺乏自信的孩子。他将自己的自画像画成了一个威风的外星人，不是炫耀自己的强大，而是渴望强大，反映的正是他的脆弱。这一点，在他每天整队时，表现得更明显。

该整队去餐厅了，小岗一会儿催教室里磨蹭的同学，一会儿到走廊里招呼大家排整齐了，别闹。但是，孩子们总是难以安静下来。如果我没有站在旁边，小岗往往束手无策。等到大家基本上都站好安静下来，小岗却在队伍前面纠结，犹犹豫豫地晃着身子，拿不定主意是不是可以出发了。每次总要纠结半天，才憋出三个字来："那就走。"

一天排队去操场，小岗在画室还没回来，博来整队，"稍息""立正——""起步——走"，博是有板有眼，自信满满。第二天小岗整队，我让博给他示范一回。小岗看着，嘴上嗫嚅："不就是喊喊呗。"队伍交还给他，他却站在队伍前面扭扭捏捏，半天张不开嘴，结果招来一片笑声。他终于鼓足勇气，挥动手臂给自己打气："立正。"喊出来的声音却飘飘忽忽的。

我有时反思，让小岗负责整队，对他而言，是好事还是坏事呢？我的初衷是让他在管理同学、服务同学的过程中体验怎样与同学建立相互信任的关系，同时学会进行自我教育。但是，我至今还没有看到我所期望的效果。那么，这能说明他没有从中收获到什么吗？

5

那是个周二，体育活动时间。我正在教室里与几位数学老师研讨一节

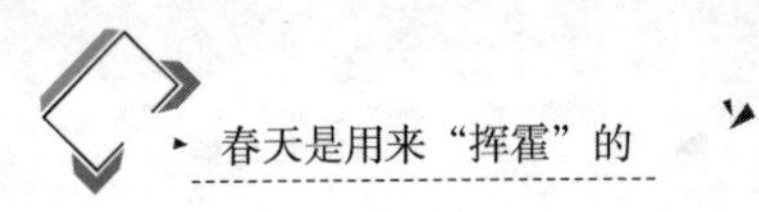

数学课。有孩子来告诉我，小岗哭了。我没放在心上，既然没有提到打架一类的情节，也就应该没什么了不起的事儿。我这样想的同时，又有些疑惑：班上一个男孩跟我说过，他与小岗同班四年多，只看见小岗哭过一次，是四年级时他被一个大个的学生打的。这么“坚强”的男孩，今天怎么会哭呢？第二拨来传达消息的孩子进来了，我问了一下小岗为什么哭，他们说是打篮球摔了一跤，就哭了。哦，大概是摔得挺痛的吧。我还是没放在心上。

研讨结束，几个老师走了，我才准备去操场找小岗。这时，小岗已回到教学楼，正在洗手间里。体育老师也来了。小岗满脸泪水，还在抽噎着。我看见他用右手托着左手腕，走近一看，发现他的左手腕似乎肿了些，看来摔得不轻。

小岗与伙伴掐架，有几回掐得手臂手背上都留下了指甲印，是血印、破了皮的那种，但没见他哭过。这次，一定是太痛了。

到了教室，小岗坐在位子上，不再哭，但左手不敢动，稍一动，就痛得咧嘴。我赶紧给他爸爸打电话。

放学后再打电话过去，小岗爸爸说，孩子左手骨折了。我叮嘱几句，挂了电话，心中不是滋味。

我决定带几个孩子去看望小岗，顺便进行家访，同时还约了班上几个老师同往。

没想到，开完会从学校出发时，已是五点半，天已经全黑了。到小岗家时，屋里很暖，外面却很冷。

我们的到来把小岗给“惊吓”到了。当时小岗正在沙发上看电视，他第一个望见的是妮，接着是翼和洋，几个孩子热情地跟他打招呼，他不知如何应对，张大了嘴巴发出讶异声：“哦——”紧接着，我、英语老师、科学老师、戏剧老师陆续进屋，小岗似乎有些蒙了，不停地发出“哦——”的惊叹声，就是想不起来要跟大家打招呼。

刚才在屋外感到特别冷，而小岗家里暖和如春。

我们几个老师紧挨着小岗坐下，聊他的伤情，他十分拘谨的样子。戏剧老师开玩笑说小岗一下子受了惊吓，还没回过神来，然后学着电影里的样子向空中一伸手，将“魂魄”抓回来，还给了小岗。接着，我们越聊越起劲。戏剧老师说他读小学时摔坏了膀子的“光荣事迹”，我也讲演起初中时摔断了腿的“光辉经历”，还让大家一起“观摩”留下的英雄证据。英语老师说两天不见小岗，同学们就皮了，开始不按时交作业了，因为小岗是英语课代表。班长翼转达副班长的问候和牵挂。科学老师说小岗不在，他们小组的科学活动都没秩序了……那个曾经习惯了被老师和同学冷落的顽劣小男孩，此时心中不知是怎样的一种感受，只见他一直腼腆地笑着，很可爱很可爱。

一天放学时，孩子们正准备出门排队，小岗来了。“小岗，你可想死我们了。”不分男孩女孩，一见到小岗，都冲了过去，吓得左手腕还吊着的小岗不知所措，赶紧躲开。我一边招呼他，一边叮嘱孩子们别碰他受伤的手腕。小岗终于在座位上坐下来，孩子们围着他问长问短，仿佛他曾经是这个班里最受欢迎的孩子。

我心里是甜甜的幸福。

我想，此时此刻，小岗也是。

其实，直到学期结束，小岗的表现一直反反复复，有时候还有“反弹”的迹象。我知道，儿童的成长总是要经历一个过程，小岗的性格和行为习惯的转变，不可能一蹴而就。

除了陪伴，我们需要做的，就是等待。

读懂儿童的心思

李竹平

周五的晨诵本要继续"狄金森诗歌之旅"，一场突然降临的雪改变了我的主意。我找到了徐志摩的《雪花的快乐》，再加上《白雪歌送武判官归京(节选)》《逢雪宿芙蓉山主人》《江雪》，这天的晨诵就围绕"雪"展开了。孩子们最喜欢的还是《雪花的快乐》这首诗歌，尤其在诵读时喜欢"飞扬，飞扬，飞扬"的姿态和"我有我的方向"的感觉，此时此刻，孩子们的方向就在窗外雪花的世界里。

课间的时候，我陪孩子们到小操场与雪花进行了亲密接触。没想到，一来到小操场，我一下子成了"众矢之的"，他们都将雪球往我身上扔，毫不手软，快乐无限。回到教室，我逗他们："几个刚才欺负我的，我要罚他们。"孩子们瞪大了眼睛。我故意坏笑："惩罚就是——周末堆一个雪人，还要将与雪人的合影发给我欣赏。"话音一落，教室里一片欢笑声。可是，紧接着竟然出现了始料未及的一幕，男孩翰大发脾气，并且拿起椅子往课桌上砸。我喊住他，他一屁股坐在椅子上，哭了起来。我想，一定事出有因，便坐到他对面，问他怎么会有这样让人不可思议的举动。他哭哭啼啼地告诉我："我不会堆雪人嘛！爸爸妈妈从来就不让我玩，每天都只让我学习。"我想起上周五很随意地问过他一句："又到周末了，是不是很开心啊?"当时他神情落寞地摇摇头："不开心，每天都要上三个课外班。"无论如何我也没想到，一个三年级的孩子，生活中除了学习就只有学习，如果一个儿童因为所谓的学习而连雪人也不会堆，这样的童年还有什么意思呢?我问翰："老师布置的作业，爸爸妈妈会允许你完不成吗?""不会。""那么，我将爸爸妈妈陪孩子堆雪人作为一项作业布置，你的爸爸妈妈会陪你一起完成吗?"他点点头，止住了眼泪。

所以，周末联系卡上就有了这样的文字——

周末会有雪哦。注意保暖的同时，别忘了和自然一起欢乐，一定要让爸爸妈妈陪着在雪地里尽情地玩耍，感受快乐（别忘了传一张照片哦）。

周日，下了一场大雪。孩子们传来一张张在雪中尽情玩耍的照片，翰和两个同学一起与一个雪人合影，快乐洋溢在他们脸上。翰总算会堆雪人了!

因为翰而将玩雪当作家庭作业布置，并不仅仅是为了让翰不错过童年的游戏和快乐，我要通过一些看似不起眼的小事让孩子们感受到，老师是懂得他们心思并愿意陪伴他们成长的人。翰在学习上的确很自觉，但是他经常为一些不起眼的小事闹情绪。像这次这样因为自己不会堆雪人而大发脾气的情况不是第一次出现了。他经常会因为与同学之间的一点小事闹矛盾、发脾气、扔东西，甚至动手打人。每次的事情都微不足道，例如同桌碰了他一下，有人把他的书碰到地上了之类，或者他无意中把别人弄疼了，人家找他理论，他不道歉反而坚称自己没错，如此等等，总要闹个鸡犬不宁，直到老师出面解决。如果老师批评了他，他的第一反应就是耍性子，扔东西哭鼻子，仿佛受了很大的委屈。

班上像翰这样的孩子比例不小，有时我会找机会在教室里与孩子们探

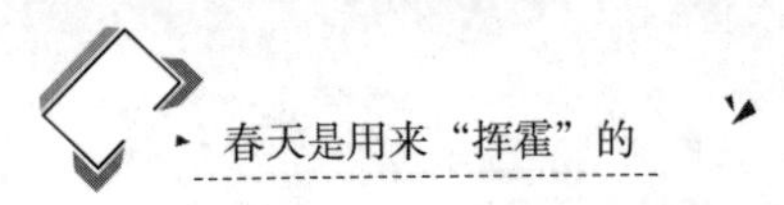

讨如何正确处理同学之间的矛盾及控制自己的情绪，但是效果并不明显。直到与他们相处时间长了，有更多的机会陪他们一起聊天、游戏，发现了每个人性格的不同成因，读懂了他们的心思，能够采取针对性的方法来引导他们怎样与身边的人和谐相处。翰的生活里除了学习还是学习，他渴望在学校里有更多的时间与同学们游戏玩耍，但是过于自我，缺乏包容意识和责任意识，所以常常会闹出矛盾来。与他聊这些，他也慢慢感受到了自己因此而失去了本应享有的快乐，可下次遇到这种情况，他还会犯同样的错误。而这次布置了堆雪人的家庭作业之后，翰变得大度多了，明显地懂得控制自己的情绪了。他需要的不是说教，而是理解，是在读懂他的心思基础上的呵护。翰是这样，其他孩子也是如此。

妍活泼可爱，深得老师和同学的喜欢。但是，一旦与同学闹了矛盾，听不得半句批评，她会边哭边埋怨大家不该说她有错，甚至冲出教室。第一次我让同学马上将她找回来，先安抚她的情绪，再跟她聊该怎样与同学相处。这样的事发生了几次之后，我懂得了她是想用“出走”的方式示威并找个台阶下，所以终于又一次我任由她在外面玩这种把戏，甚至连上课了也不喊她。等到她自己蹭到教室门口，我才喊她进来，问她有没有想明白……这次之后，她不再“出走”了。

每个孩子的成长都有独特的背景，他们都有自己与众不同的心思，我们只有真正读懂每个人的心思，才能“知己知彼”，在教室生活中与他们建立起信任关系，引导他们健康、积极地成长。

春天是用来"挥霍"的

高学雷

周六，接到一家长的电话："都快毕业考试了，还搞什么非传统课程日活动，拿大半天时间出来挥霍！这还不算，周末还让孩子出去赏春，弄得我家孩子课都不愿意补了！老师，一年之计在于春啊！"语气中显然有种不理解，甚至是怨气。

一番沟通后，效果几乎为零。我放下手机，掩面叹息：是谁剥夺了孩子们触摸春天、享受大自然的权利?

我想起了小时候对春天的无限挥霍——

春天是我们的小战场。广阔的绿野里，我们甩去了破烂厚重的粗布棉袄，成群结队地飞奔在田野里、小河旁。爬上婀娜的柳树，扯下柳枝，在灵巧的手里，一只只柳笛、一顶顶草帽奇迹般地诞生了。

带上自制的火炮枪，头顶自编的柳条帽，吹着美妙的笛音，分班、打仗：田间的小沟成了我们天然的战壕；酥松的土坷垃成了我们的手榴弹。"枪林弹雨"中，我们一会儿是小兵张嘎，一会儿成了董存瑞、黄继光，直

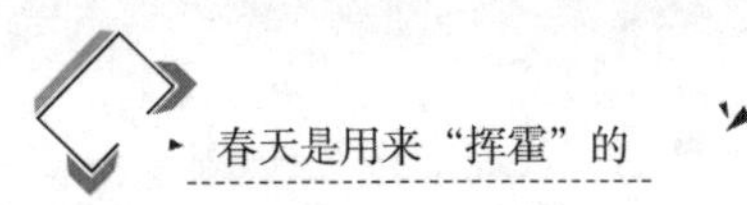

至将战败的一方逼到悬崖（深点儿的干沟）边，喊着壮烈豪迈的口号声：“打倒日本帝国主义！中国共产党万岁！”狼牙山五壮士般英勇“跳崖”，战役才算结束。

战斗结束后，胜利的、失败的，统统喘着粗气、四脚朝天仰躺在刚刚返青的草地上，满眼的蓝天白云，偶尔瞥一眼春日，立刻眩了目；闭了眼，嗅着泥土的芳香，伴着小鸟的鸣叫，暖阳如母亲的手抚摸着汗津津的躯体，让你渐渐有种天地合一、飘飘欲仙的感觉……

春天是我们的采摘园。都说秋天是收获的季节，对于农村孩子来说，春天同样是收获的季节。从阳春三月到暮春时节，我们都忙碌着、收获着、品味着：采榆叶、挖荠菜、打槐花、摘菜花……这些收获来的东西，经过妈妈那双无所不能的巧手，都会变成饭桌上的美味佳肴。

我最喜欢吃的是油煎槐花，自然打槐花成了我的最爱。打槐花可是一项技术活儿。说是打槐花，其实并不是真正的“打”，而是需要特制的工具。先说制工具，它需要一根长长的竹竿，顶部绑一根短棍棒，一定要绑得牢牢的，且要和竹竿有一定的夹角，形成一个钩子状。打槐花的最好时机是早晨，那时候的槐花水分足，且花柄易于折断；二是不能嫌累。打槐花可不是一件轻松的事儿，面对高大的槐树，需举着高高的竹竿，仰着头，尽力瞄准那簇簇槐花，精准地卡住花柄，旋转再旋转，直至听到一声脆响，就算大功告成了。举手、仰头、旋转，如此循环反复，直至筐里堆满了槐花。放下竹竿，已是脖子酸胳膊疼了。不过，当吃上美味的油煎槐花的那一刻，所有的酸痛顷刻间烟消云散。

绑火把，扔火把；扎风筝，放风筝；挖春泥，摔泥洼；削“马嘎”，来“马嘎”；缝沙包，掷沙包；叠皮卡，摔皮卡；找石片，打水洼……春天里，到处是我们的“巴乐园”，仿佛没有我们的挥霍，春天就失去了她的勃勃生机！

……

六年级3月份的非传统课程日活动的主题是“游戏春天”。主要环节包括制作玩具、交流玩法、讲玩具故事、师生共玩游戏等，目的就是让孩子们动手制作玩具，体会劳动的快乐，到自然中去寻找制作玩具的原料，触摸春天，亲近自然，感受自然的美好。可是，在布置利用周末准备玩具或游戏的活动任务时，孩子们都傻眼了。除了手机、电脑上的游戏会玩之外，他们哪里还会制作纯手工玩具？哪还会玩电玩之外的本土游戏？

这不由让我想起学校的全课程。我们追求的价值是，培养具有“丰富的情感体验、广阔的智力背景、活跃的思维状态、强烈的担当意识”的“完整的人”。每周的长课时、每月的非传统课程日、每学期的主题周活动的落实，游学活动的开展，万物启蒙的实践……坚持走下去，也许教育的春天就在眼前。

我不由又想起陶行知先生八十年前的童谣——春天不是读书天：

……

春天不是读书天：掀开门帘，投奔自然。

春天不是读书天：放个纸鸢，飞上半天。

……

春天不是读书天：之乎者也，太讨人嫌。

春天不是读书天：书里流连，非呆即癫。

春天！春天！春天！什么天？不是读书天！

是的，对儿童而言，春天不是用来读书的，而是用来“挥霍”的。

孩子，你真的知道都给谁添了麻烦吗

李竹平

皮亚杰认为，10～12岁的儿童道德认知已经属于自律阶段，公正观念或正义感得到发展，其道德观念倾向于主持公正、平等。科尔伯格的儿童道德发展六阶段理论认为，9～15岁儿童的道德发展水平一般达到了习俗水平，能以协调人际关系为价值取向了，进而能自觉履行个人义务。一个人的道德发展不会是一个随着年龄增长而自然前进的过程，应该需要教育和引导，尤其需要身处其中的道德体验。现实生活中，我们遇到一些十一二岁的孩子，他们的很多行为所表现出来的道德水平，往往停留在他律阶段或前习俗水平，总会给身边的人带来许多的麻烦。面对这样的孩子，我们得为他们的成长倾注更多的心血。

这个星期，班上发生的两件事又一次让我感受到了孩子道德成长过程中的艰难。

周二午饭后刚进教室，体育老师过来，问我知不知道泽和轩打架的事。我一愣，问他什么时候发生的事。原来，上午最后一节是体育课，上课铃响的时候，泽和轩打了一架。泽的脸被轩挠破了皮，体育老师担心回去家长会怪罪学校和老师，希望我过问一下。从体育课下课到现在，不仅泽和轩没有告诉我这事儿，也没有任何一位学生提起这事儿。我想，肯定是事情不大，他们自个儿早就解决了。因为让孩子们学会自己解决同学之间发生的矛盾，不做依赖者，是我前段时间引导的重点，很多学生有了自己解决问题的意识，能力也提高了。我和孩子们之间达成了共识，自己能解决的问题，不找老师，也不找家长，真正有需要才求助。我对体育老师说没关系的，不用担心，可体育老师还是不放心，强调泽的脸被挠得很难看，怕家长见了不答应。既然是这样，我是应该过问一下了。我对体育老师说，这事我来处理，并谢谢他的提醒。

体育老师走后，我找来泽和轩。果然，泽的右脸颊被挠出一条足足3厘米长的血印。如今谁家的孩子都宝贝，爸爸妈妈看见这样，肯定会心疼，如果知道是被别的孩子挠的，讨个公道肯定是第一反应。看见他们俩无所谓的态度，我就猜想一定是“互不相欠”了。我问是怎么回事，原来又是游戏成真的剧情：泽见轩在与同学比赛吊单杠，他闲得无聊，过去挠轩的痒痒，轩因此输了。轩当然不高兴，就怪罪泽，两人互不服气，动起手来。结果，泽的脸挂花，轩的胸口和手臂也挂花。再问他们为什么不告诉老师，他们俩都不吭声。看来，这矛盾还没有完全解决啊！我接着追问：是自己尝试着解决，还是希望老师来解决这事儿？两人想了想，都说自己能解决。好吧，我表示相信他们俩，让他们俩到走廊去谈谈。

几分钟后喊他们回来，问两人怎么解决这事儿的，他们除了说自己做错之外，就没有别的可说了。他们所谓的解决了问题，就是认识到自己错了，不互相追究责任而已。显然，他们解决问题时，是完全以自我为中心的，并没有想到，他们之间发生的事还会影响到其他人。我提醒他们，想想关心自己的人还有哪些，要不要考虑他们的感受和反应。泽和轩一脸茫然。我觉得这个问题还是让他们自己想明白的好，便让他俩到走廊商量商量。再次回到教室，他们有了新的认识，泽说回去如果爸爸妈妈问起来，就说是自己玩笔不小心扎的。轩的外伤不容易被发现，他说不会让爸爸妈妈担心。但是，我觉得这样撒谎并不合适，虽然是善意的谎言。我建议他们回去还是老老实实告诉爸爸妈妈是两人闹着玩儿不小心伤到，已经互相原谅，以后会注意。他们点点头……

这件事算是比较令人满意地解决了，果然没有发生体育老师担心的事情。我更看重的是，他们可能在道德认知上，稍稍获得了点成长，意识到自己的行为不是孤立存在的。而周三发生在刚身上的事，却一直叫人耿耿于怀。

刚的顽劣无论是缘于家庭教育的缺失还是缘于多动障碍，让人不胜其烦已是不争的事实。从道德认知发展水平来看，他绝对还处在最初级的阶段，属于前习俗水平。也就在两个星期前，因为欺负班上小个子的昂，他爸爸不得不花了一笔医药费，并向昂一家道歉，现在他又惹出了麻烦。

事情发生在美术课上。刚不听课不练习画画，拿着老师的一把刀子冲路比画，结果将路的手指割了一个深深的口子，血流不止。一个男生扶着路来找我，我一边找医药箱给路消毒止血，一边给刚和路的家长打电话。刚被“请”回教室，一如既往地为自己开脱，然后是沉默。

刚的爸爸终于到学校了。这次，他没有像以往一样嗫嚅，让人觉得他对自己的儿子无能为力，而是狠狠地踹了刚两脚。他还要动手的时候，我阻止了他。刚第一次在爸爸面前流下眼泪，或许是被踹疼了，或许是没想到爸爸这次真的会打他。等刚的爸爸平静下来，我说了一下事情的经过，然后苦口婆心地跟刚分析这件事造成的后果……刚的爸爸和路的爸爸一起带路去医院了，刚没回美术教室，而是安安静静地坐在自己的座位上。望着刚的背影，我陷入了沉思：这孩子真的知道自己都给谁添了麻烦吗？他会进行自我反思吗？他会在犯错误并付出一定的代价后有所成长吗？我无法做出判断。在这个单亲家庭里，爸爸到底能给刚怎样的道德启蒙，刚又会怎样看待来自爸爸的教导，都是引人深思的。生命的成长本来就是复杂的事情，刚的成长或许更加复杂吧。

一句“孩子，你都给谁添了麻烦”能在孩子们的心里激起涟漪吗？认真想想，仅仅知道自己都给谁添了麻烦，对很多成长中的孩子而言是不够的。记得有一个案例，讲的是一名小学生因为顽劣，刺瞎了同伴的一只眼睛，除了由监护人承担赔偿责任外，法官还判这个肇事的小学生戴一只眼罩生活一个月。这一个月对这名小学生是刻骨铭心的，他真正意识到自己给别人造成的伤害，懊悔不已。设身处地地感受自己给别人带来的麻烦，的确是很好的教育方法。那么，针对刚这样的孩子，我们能做些什么呢？或许，当时应该让他一同去医院，并且让他去张罗挂号、看医生等具体的事。孩子犯错，让家长来承担责任，孩子很难意识到自己的错误行为造成了怎样的后果。

是的，学生的道德成长不可能是一件简单到顺理成章的事，更不可能一蹴而就。作为老师，我们要做的，除了用心用情，还要不断反思，不断探索新的教育手段，不断找到新的突破口。

不能容忍

许　杰

这节是语文课，我照例坐在班级后面助班教师的座位上批改英语作业。孩子们坐在教室里正在认真地听课。这时，我突然听到一句脏话。同学们和高老师循声望去，看到班级后排的一名女同学因为同组的男同学抄袭其作业，正愤怒地盯着他。“×××，刚才的脏话是不是你说的？你为什么要说脏话？”高老师义正词严地问。“不是我说的，老师，不是我说的。”她坚定地说。“我们都听见你的声音了，你怎么还不承认，小姑娘怎么可以说谎呢？”“不是我说的，就是不是我！”她用不容置疑的语气继续狡辩着。“就是她，我们都听见了……”同学们开始窃窃私语。这时班级里的气氛变得异常尴尬，班主任高老师面对平时一向表现优异的学生在上课时说出脏话，并且不愿意承认，还执意狡辩的行为很生气，但同时也很无奈。因为如果继续僵持下去，不仅没有结果，反而会激化矛盾，而且整节课的教学都无法进行。于是，高老师对她采取了冷处理，准备下课找她深谈。

我坐在班级的最后面，一直在默默注视着这名同学。我本以为她会为自己刚才的狡辩和对老师的无理而感到自责，至少感到不安。可是，此时她正在嬉皮笑脸地跟刚才她所说的要抄其作业的男同学聊天。显然，她并没有把刚才的事情放在心上。看到这样的情景，我真的很痛心。因为在我的印象中，她是一个很聪明、机智的孩子，在学习上也很突出，但她在班级里的人际关系并不好。我必须要跟她好好谈谈了，因为这个问题很严重。

等我跟她心平气和坐下来谈的时候才知道，她刚才并不是故意要说脏话的，也并不是多么憎恶企图抄袭其作业的同学，只是习惯说脏话，顺口说出来的。以前在家里姐姐们也总是说脏话，习惯了。她觉得这没什么，老师却大惊小怪这让她很不可理解。我对她的言辞大惊失色，原来在一个所谓优秀的学生心里竟然没有基本的道德观念。这真是太让人痛心了。

我想她在之前六年的教育里一定也读过很多道德伦理的书，一定也读过很多文明礼貌的故事。可是现实中却是身边的人脏话连篇，她习以为常，难怪她也认为这是理所当然的。教育是帮助孩子寻找自己，发现自己，塑造自己，让其成为更好的自己。在张扬个性、培养自主的过程中，我们可以容忍很多，比如我们可以容忍学生上课由于不想学习规定的内容，而在教室里自主阅读；我们可以容忍并鼓励学生质疑老师的领导，让他们知道没有所谓的权威；我们可以容忍孩子们折下草木，只因为要保护那颗童心；我们可以容忍孩子们剩下饭菜，只因为不想他们为光盘行动撑坏肚子；我们可以容忍学生丢三落四，帮助他们寻找遗失在校园里的衣物；我们可以原谅孩子们很多的不完美，因为他们正走在更美好的路上。

可是，我们不能容忍孩子们没有向“善”、向“美”的心。因为如果这都能容忍，那教育就没有存在的价值和意义了。亲爱的孩子们，我们是你们的老师和朋友，我们从来不希望你们只做知识积累的工具，我们希望教育可以让你们变成更幸福的人。所以，我们可以包容你因为鲁莽、任性冲撞了老师，但是不能容忍你对老师的“不尊重”；我们可以包容你质疑老师教授知识的可信度，但是不能容忍你对知识的“不尊重”；我们可以包容你

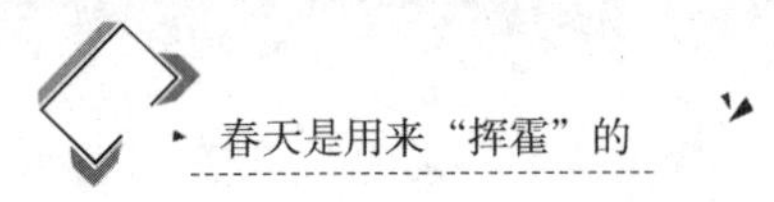

因为不小心说出的脏话，但是不能容忍你对自己的“不尊重”。一个人，如果不能怀有敬畏之心，不能学会尊重，那即使有再多的知识，也只能是精于计算、自私自利的人，他的人生不会幸福。所以，孩子，你不能越过底线。今天，作为老师，我必须要批评你了！

“自信”的背后

李竹平

宜泽是个自信的大个子男孩，至少当你跟他聊天或者在课堂上讨论问题时，会得到这样的印象。在课堂上，发表个人见解时，他会积极摆出自己的观点，并努力做到有理有据，以理服人。但是，当他一遇上强有力的挑战，说话的声音就会很急，甚至会因为激动而结结巴巴，语无伦次。一旦落了下风，就会露出委屈的样子。他很喜欢聊社会交往的话题，一般都是跟大人关系密切的，他的观点基本来自于爸爸——“我爸说”三个字几乎成了他的口头禅。就是这样一个看上去很积极主动的男孩，写出的字却笔画纠结，显得十分小气，书写的速度异常缓慢，几乎每一次考试，都不能在规定时间内完成书写内容。当与同学有矛盾时，他很容易哭鼻子。为什么在同一个孩子身上会有这种看上去有些不一致的表现呢？这让我对与他父母的面谈充满了期待。

这天下午，他的爸爸妈妈比预约的时间早到了半个小时。他们推开聊天室门时，我们正在与另一个孩子的父母谈话。我请他们自己在校园里参

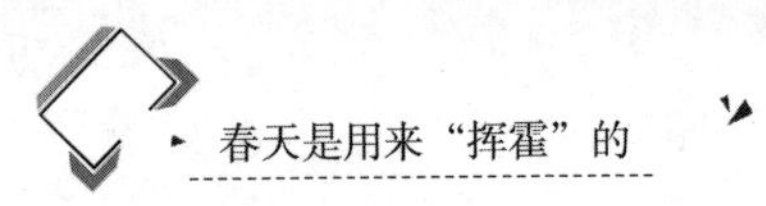

观参观，等会儿再喊他们。他们答应着，我观察到宜泽爸爸的脸上有一丝被怠慢的不悦闪现。他们没有去参观，而是一直在聊天室门口踱步、等候。这无疑是在提醒我们，别让他们等得太久了。

终于送走了前面的那对父母，把宜泽的爸爸妈妈请进聊天室坐下。宜泽参加舞蹈队比赛的排演，不在学校，所以少了当着父母的面与孩子对话的环节。

爸爸一落座，就开口问：“宜泽在学校学习还好吧？”我笑着直接转移话题：“如果不介意的话，我们先不谈孩子的学习，谈谈学习之外的，行吗？”他们先愣了一下，再点头：“行。”表情里，他们有了一丝茫然和戒备，或许把老师当成“对手”了。我们眼里没有“对手”，只有平等的家长和平等的孩子，所以我心平气和，依然阳光灿烂。

“孩子回家第一件事干什么？”“做作业，这是必须的。”爸爸毫不犹豫地回答。

“除了做作业呢？”“看书。有时跟我们一起串串门。现在比以前少了，以前我们经常带他出去，见见世面，以后见人不怵。”爸爸越说越兴致盎然。

我看着他，微笑；两位年轻老师也静静地听着。

爸爸就自顾自地说开了。“我们家也可以说是书香之家吧。孩子的一个伯伯是特级教师，还有一个在重点中学当校长的叔叔，都很有名的，教育上都有一套，他们说孩子从小要多见世面。我自己以前是在大企业做高管的，现在自己单独干。我感觉孩子社交能力还不错，有自己的见解。我儿子挺有骨气的，从小我就告诉他，不跟人随便动手，做得对就要坚持。我儿子读一年级的时候，一个年轻老师不问青红皂白把他的笔给扔了，他背起书包就出了教室。这事是那老师不对，我就到学校让校长说个明白，后来那老师再不敢乱来了。我们家规矩很严的，孩子跟我们谈话，不能坐着，要规规矩矩站在旁边……”

我等他说得有点尽兴了，问一句："孩子在家干家务吗？"

这次是妈妈开的口："不干，家里也没什么事需要他做，偶尔会炒个鸡蛋。"

"要不要学着干些家务，感受一下作为家庭一员的责任？""嗯，这主要是我们没想到。"

"有一个现象我们需要讨论一下，宜泽表面上很自信，很阳光，可是真正遇到需要通过努力才能完成的任务，他就显得不够自信。"我直视着一脸自信甚至自豪的爸爸说。

"对，别看我儿个子不小，其实胆子有时很小，他不敢一个人睡觉。"爸爸说的时候轻描淡写，我们却不敢相信自己的耳朵了。

"您是说宜泽现在跟你们睡一起？""对。"

"是他没有自己的房间吗？""有，他不敢一个人睡，一直跟我们一块儿睡。"

"你们不觉得这有些不正常吗？一个 12 岁的男孩跟爸爸妈妈睡一块儿！这孩子怎么才能长大？"泽的爸爸妈妈都有点尴尬："对，是应该让他一个人睡了。"

"刚才您不断谈到规矩，这些规矩都是你们定的，他没有参与制定吧？"

"完全接受爸爸妈妈定的规矩，孩子是不是实际上就没有了自己的主见，他的见解其实都是爸爸妈妈的见解？所以遇上真正需要自己拿主意做规划时，就缺乏自信了。我想，这与他很难顺利完成考试答卷也有一定关系。他不是做不完，而是常举棋不定，时间到了总还没完成。""可能是这样。那老师觉得该怎么做呢？"爸爸终于开始有了"请教"的语气。

我有两点建议，一是尽快让孩子睡自己的房间，二是让他给自己订计划定规矩，每天管理好属于自己的事情。

爸爸妈妈点头，都说今天回去就开始做改变。

……

我没有想到的是，宜泽这个大男孩还偎在爸爸妈妈身边睡觉。现在，他那脆弱的“自信”终于找到了答案。我期待着，错位的家庭教育能从盲目自信中回归正轨，让孩子真正感受到自己是一个独立的生命，需要学会自己管理自己——不仅是学习，包括生活，包括情绪。其实，他的爸爸是一个十分自我的人，这种自我投射到对孩子的教育上，很难避免自以为是。这次的谈话，我感觉还不够充分和鲜明，到底会有多大正面效果，更不敢揣度。

教育，从看到“不一样”开始

李竹平

读到一篇题为《你和他们一样》的教育叙事，大意是：班上有一位课上课下不断惹事的男孩，一次面对班主任的批评时，他当着妈妈的面理直气壮地说自己是没有吃药才捣乱的。班主任马上认为自己找到了问题的症结：男孩一直以为自己需要吃药才能管住自己，妈妈忘了给他吃药就应该捣乱。班主任“对症下药”，对男孩说了一番话，大意是“你现在能站着一动不动，说明其他同学能做到的，你也能做到，因为你和他们一样”。文章结尾这样写道：听到这番话，他睁大眼睛吃惊地望着我。从此以后他真的“没病”了。

不知道诸位读了这样的结尾会做何感想，反正我是表示怀疑的。当然，我的怀疑既不表示我是悲观主义者，也不表示我吹毛求疵，我只是觉得，教育是一件复杂的事情，每一位教育者所期望取得的具体教育效果，都不可能如立竿见影一样容易，何况立竿见影也需要有合适的光源。

无论是教师还是家长，遇上“问题”孩子，都免不了有伤透了脑筋的

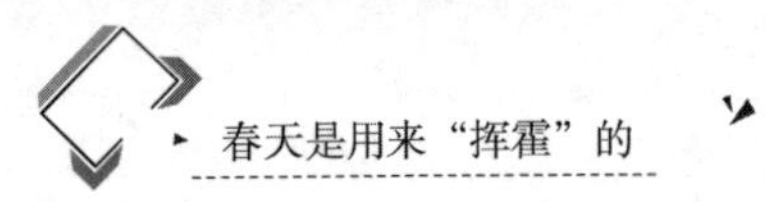

经历。若不是进行一番用心良苦的教育行动的规划和实施，要转化一个"问题"孩子，可能比赢得一场艰苦卓绝的军事战争还难。这是很多用心用情于教育的人，尤其是教师都亲身体验过的。我就从没有如此轻松地赢得过这样的"战斗"，即使面对的是一个偶尔才表现出"问题"来的"正常"孩子，甚至是被公认为"通情达理"的孩子。面对真正的"问题"孩子，哪怕付出再多，仍然遭遇一次次的失败倒是常有的事。我想，很多老师肯定也有同感。

我们当然也有过赢得"战斗"的经历。如果你是一个善于总结和反思的教育者，大概会发现，几乎每一次取得胜利的策略和手段，都无法复制应用到另一个"问题"孩子身上并取得好的效果。这是为什么呢？答案正好与上面案例中班主任的看法相反：每个孩子都是不一样的。世界上没有两片完全一样的叶子，世界上也没有两个完全一样的人——即便将克隆技术运用在人身上，也不可能创造出两个完全一样的人来。

无论是作为教育对象的人，还是社会生活中的人，对个体而言，"不一样"是永恒的事实，"一样"只是一个外在的或者模糊的概念。教育研究当中有许多统一的概念，运用于教育实践当中的教育理念也有许多是"一样"的，但这不等于说教育对象都是"一样"的。如果一样的话，教育就再简单不过，利用标准化的流水线就可以解决，何必还要"用一个灵魂去唤醒另一个灵魂"呢？

教育中最可怕的事情就是把每一个教育对象看成是忽略了经历、心智、灵魂丰富性的"一样"的人。这是用教育者追求的显性结果上的统一，来取代教育对象作为独立的个体生命实际上的多样性和特殊性。"别人能够做到的，你也应该能做到"，换一种说法就是："我要求你做到的，你就应该做到。"谈到这里，接下来我想从几个不同的角度来具体探讨"一样"与"不一样"。

从教育的社会性目标来考量，"你和别人一样"是一个合理的命题。教育的社会性目标是由教育的社会性决定的，它致力于促使每一位受教育者成长为“社会人”——能适应社会生活且能为社会发展做出贡献的人。简单地讲，就是培养“对社会有用的人”。这一目标不是从个体的差异性出发的，而是从每一个人所处的社会环境和需要出发的，它保证每一个人社会、国家乃至世界都处在其中的共同遵守的规则下正常地运转。在这一命题下，“你和别人一样”指的是“你和别人要遵守的社会规则一样，你和别人承担的基本社会责任一样”，也可以简单地说“你和别人一样都是人，都是社会人”。显然，这里的“一样”，是忽略了人的个体概念，指社会对人的普遍性要求是一样的。对于教育而言，它属于宏观的目标要求，它向社会和国家负责，并通过社会和国家向每一个人负责，它隐含在所有的具体教育行为中，对每一位受教育者体现社会性要求的同时体现社会性公平。

从教育的一般通道来考量，“你和别人一样”也是一个合理的命题。教育的一般通道也就是教育信息传播的通道，指的是承载着教学信息，并促成教育赖以发生的一般组织形式、方法、措施以及隐含其中的教育理念和规律等。通道中直接起作用的是教育信息，一般情况下教育信息的接收端指的是学生，信息源的发起端主要指的是教师，也包括教育传播媒体、社会真实事物、家庭和同伴等，特定情况下也包括受教育者自己。通常情况下，每一个受教育者都处在这样的教育通道中并接受教育，所处的角色位置是“一样”的。例如，在同一所学校同一个班级里，每位学生和其他学生一样，从学校、课堂到老师、同学那里，接收和别人一样的教育信息，他既不应该享受特权，也不会被边缘化。在这个意义上，他没什么与众不同，每一个人都是“一样”的。

从教育对象的个体差异性和生命独立性来考量，发现“不一样”，尊重“不一样”，才是教育赖以发生的前提和基础。教育的对象是人，不是概念的人，而是具体的具有独立生命价值的个体人。从生命和思想存在的价值来衡量，最重要的是作为个体的人，而不是作为群体的人，群体中的人大

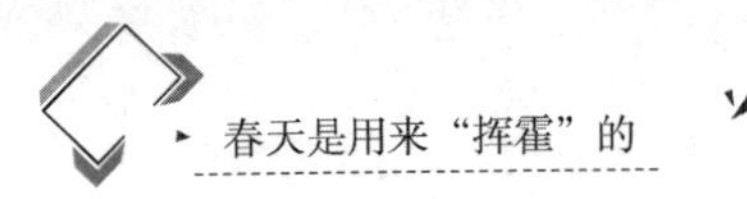

多是“乌合之众”。教育只有在触动个体情感和灵魂的时候，才会被感知、接受和呼应。独裁和极权主义统治下所谓的教育，并非为了每个人的人生，而是用专制思想来钳制每个人，绑架每个人的人生，使每个人都成为同一个人——服从的奴隶和为独裁、极权服务的工具。此种情况下，并不存在真正意义上的“人”的教育。

教育只有承认个体人的差异性和独立性，才能看到完整的人，才能找到抵达灵魂的教育方法和途径，因材施教，促进学生成长。一个孩子主观上追求上进，客观上存在方法上的困境，却用“勤能补拙”的信条来教育他，这是不合适的；一个孩子没有建立是非观念，一味地批评他不讲文明，很难让他真正意识到自己的行为是不当的。行为的表现虽一样，但表象背后的因由千差万别，或者相似的背景经历，却有完全不一样的行为表现，这都体现出作为个体人的“不一样”。发现并尊重这些“不一样”，教育就有了针对性，就可以避免自以为是和一厢情愿，就可能真正触及心灵，实现被教育者个体生命的成长。

从教育的终极目标来考量，追求“不一样”，才是教育之于“人生”的最大价值所在。在一个健康积极的社会里，教育在社会意义上的“求同”恰恰是以在个体意义上“求异”为基础的。每个人的天性得到发展，个性得到张扬，都用自己的智慧和能力给社会带来发展和进步，都能创造并享受属于自己的人生幸福，这才是教育存在的终极意义。可以想象，在一个漠视个人幸福的社会里，所谓的教育意味着什么——强制、灌输、恫吓、戕害……也可以想象，这将是一个怎样的社会——专制、野蛮、黑暗、窒息……这样的教育在人类社会存在过，带来了怎样的后果，很多人还记忆犹新。“一个人从小受的教育把他往哪里引导，能决定他后来往哪里走。”（柏拉图语）以理解和尊重来触动受教育者的心灵，他才会懂得理解和尊重的价值，在这样的教育环境中成长起来的“人”组成的社会，才会是幸福和谐的社会。

现在再回到文章开头提到的“案例”，不难发现，教师混淆了教育的社会性目标和个体性目标，混淆了教育的一般通道与基于个体差异性的“因材施教”，以为一句“你和他们一样”就能触动那个“问题”学生的心灵，并得到教师所期望的结果。教师笔下的“从此以后他真的‘没病’了”，极有可能不是现实的景象，而是教师一厢情愿想象出的教育“硕果”。至少，那个孩子当时的“一动不动”与在课堂上捣乱，是因为他处在了“不一样”的场景中。用社会性期待代替指向个体心灵的教育，无异于缘木求鱼。作为独立的有主体意识的生命个体，一个人在幼儿时就已经能从生理上认识到“我”就是“我”，三岁时就开始建立社会意义上的自我意识，很明确地知道自己与别人“不一样”，十岁左右就有了心理意义上的自我意识，开始对忽略其独立性的态度产生抵触和反感情绪。

是的，我就是我，我和别人不一样；你就是你，你和别人也不一样。作为教师，作为一名成人，当你在工作上遇到困难时，他人的一句“你和别人一样”能让你幡然醒悟，重拾信心，收获成功吗？从同理心出发，就很容易理解每个人都是独一无二的，都是无可替代的，都是与别人“不一样”的。面对具体的教育对象，好的教育，应该从发现“不一样”开始。

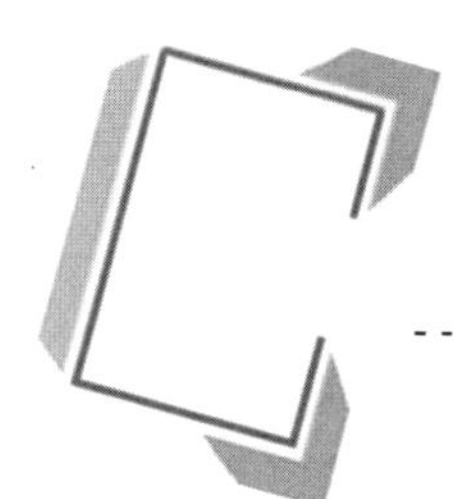

课堂故事篇

轩然引起的“轩然大波”

高学雷

轩然拿着他的练习册找到我：“老师，这道题这样做有错吗？你怎么打了个半对呢？”

一番交流后——

“老师判了‘错案’，这就给你‘平反昭雪’！并真诚地向你道歉!”我边说边拿过轩然的本子，满怀愧疚地圈去那个刺眼的半对号，取而代之的是一个大大的对号。

轩然笑着转身跑开，可我心里怎么也平静不下来。

那是怎样的一道题目呢？原题呈现如下：

把下列词语分类抄下来：

菠菜、尺子、橡皮、黄瓜、毛笔、沙发、西红柿、菠萝、洋葱、香蕉、铅笔、床头柜、白菜、椅子、鸭梨、桌子、荔枝、写字台。

看到题目，作为语文教师的你，心中肯定有答案了吧。多年的经验一定会让你心中的答案和所谓的标准答案不谋而合吧。

蔬菜类：菠菜、黄瓜、西红柿、洋葱、白菜

文具类：尺子、橡皮、毛笔、铅笔

水果类：菠萝、香蕉、鸭梨、荔枝

家具类：沙发、床头柜、椅子、桌子、写字台

可你能猜出轩然给出的答案吗？也不卖关子了，公布一下他的答案：

可食物：菠菜、黄瓜、西红柿、菠萝、洋葱、香蕉、白菜、鸭梨、荔枝

不可食物：尺子、橡皮、毛笔、沙发、铅笔、床头柜、椅子、桌子、写字台

是不是出乎大家的意料？

在和轩然的交流中，我看到了他的智慧与果敢！

他这样解释自己答题的合理性：“第一，题目要求分类，并没有要求一定要按常规分四类，故我分两类未尝不可；第二，对于题目里给的一些水果蔬菜，我确实分不清楚，如果分四类，我可能出错，所以，怎样简单我就怎样分类；第三，为什么非要分成四类呢？我觉得这样分更加一目了然呀。”

“你说得很对！可是，考试的时候你这样写就有可能被扣分。”我似乎还想给自己打半对找个台阶下。

轩然不依不饶：“您既然承认我对，就不应该给我打半对！”

“全班可就你自己这样写！如果真的考试，你还这样做？”我看着斗鸡

样的轩然，故意追问。

“当然这样做！对了为什么要改？您不是经常告诉我们‘不要人云亦云，要有自己的想法’吗?”轩然歪着头瞅着我。轩然的坚持让我看到民主课堂的效果，看到了我校全课程理念下学生的良好心理状态。我在心里为轩然竖起了大拇指。

孩子据理力争的话语，仿佛重重的铁锤敲击着我的心，让我不得不去反思自己的教育教学行为，反思当下的语文评价与检测的诸多弊端。

我为什么会给孩子判个半对？不得不承认是功利心、分数至上在作祟。其实，我何尝不知道轩然的答案是合理的呢！不然，我也不会给打个半对。只是，如果在考试中，孩子这样分类，再碰上个如我一样昏头的阅卷者，就可能会被判错误，将会丢失不少的分数。面对马上来临的毕业会考，也许这是我们不得已而为之的做法。轩然的坚持，让我彻底看清了自己的弱点！难道为了那区区的几分就可以扼杀孩子们的创新性思维？绝对不可以！感谢这样一道题，因为它成就了轩然的不凡，照妖镜般映射出我的痼疾。

我想起这样一个故事：某地有一位教研员做过一次调查，发现早几年凡考卷必有修改病句的题目，结果，经过严格的修改病句训练后，学生写病句的能力大大提高了。后来这位教研员严令：但凡考卷中出现修改病句的题目一律作废。没过多久，再调研，发现学生的作文里极少出现病句了。

看似可笑的故事，似乎道出了语文学习的玄机：莫用错误的信息来检验正确的信息。要知道孩子在过多地接受错误信息后，错误信息也会在心中生根发芽。我细读了“某市 2015 年小学毕业考试语文考试说明”，笔试题型示例中“语文基础知识部分”共 37 个题目，其中超过 20 题是含有错误信息，需要孩子去甄别里面的正确与错误。诸如：

◎ 下列四项中带点字读音错误的一项是（　　）

A. 旗帜（zhì）　　　　B. 比较（jiào）

C. 弯曲（qū）　　　　　　D. 友谊（yí）

◎ 下列四项中有错别字的一项是（　　）

A. 炎热的夏天，我们应该多喝水。

B. 小猴子灵巧地爬上了树梢。

C. 老师再三强调学习习惯的重要性。

D. 他在学校里每门工课都很好。

◎ 下面四项中加点字的意思正确的一项是（　　）

A. 东张西望（扩大）

B. 张灯结彩（陈设，铺张）

C. 虚张声势（看，望）

D. 张口结舌（夸张）

◎ 下列诗句中，不是描写春天景色的一项是（　　）

A. 夜来风雨声，花落知多少。

B. 泥融飞燕子，沙暖睡鸳鸯。

C. 忽如一夜春风来，千树万树梨花开。

D. 碧玉妆成一树高，万条垂下绿丝绦。

……

孩子需如侦探般去明察秋毫，在错误与正确、真理与谬误间冥思苦想，直至头昏脑涨！试想如此检测，孩子们会爱上语文吗？我真诚地希望换一种检测方式来巩固学生的基础知识，在孩子们的脑海中留下更多的正确信息。

轩然的一道题，着实在我心里引起了“轩然大波”。

于无声处听惊雷

耿子文

开学之初，李老师跟大家讨论的第一条就是：“让每个学生不把作业带回家。”

“啊?”我虽然没说话，但是心里充满了疑问。

家庭作业么，自然是学生要带回家做的呀，这是学生必须经历的练习过程。何况这是小学阶段的最后三个月，学生面对越来越抽象的数学知识，必定要有一定量的练习。

虽然心里并不完全认同李老师的提议，但以往的经验告诉我，李老师提出的观点或做法已被证实收效不错，所以，我还是尽量照着去做。

仅仅一周时间，我居然收到了难以置信的反馈。

◎ 老师，现在要背回家的东西更多了!

通是个聪明肯学的学生，但总有点儿小骄傲，以前总是以不带书包的方式炫耀自己在学校就能完成所有作业，让其他学生们艳羡不已。

开学以来，同学们都能在学校完成所有学科的作业，当然，带回家的东西都变少了。可是这两天，我却看见通小小的身躯上突兀地多了一个比其他孩子更大的书包。我跟上去跟他开玩笑：“通，你以前不都是不背书包吗？怎么现在反其道而行啦?”他回过头，一脸认真地对我说：“老师，我才发现我有这么多想不清楚的东西啊！以前每天忙着赶作业，都没发现。这些我回家都还用得着呢!”

初春乍暖还寒的冷风吹过，似乎一棵“自我成长”的小苗苗若隐若现。在这个童年将逝、自我意识疯长的年纪，老师和作业退出了一点点，这苗苗儿便迅速找到了自己，走上了自我教育、自我成长之路。

◎ 老师，我做完啦，你来给我判吧!

“老师，我做完啦，你来给我判吧!”安静而忙碌的课堂练习时间，被这一声不大不小的喊声打断了。原来是广，他满脸欣喜地晃动着练习本，那眼神满满地期盼着正给别人讲练习的我的到来。

广的学习成绩一直不太理想，是老师重点帮助的对象。他自己早就已经接受了现实——作业，都是同学或是家长教会的，要不就不做；上课，恨不得做个隐形人；课堂练习，几乎就是在耗时间。

不过上一个星期他的作业做得还真不错。虽然绝大部分都是我带着做的，但是他至少能讲出来每个题目的思路和每个算式的意义，已经是很大进步。

我赶忙跑过去看，广不但做对了，还能讲得头头是道。真是想不到，一个曾经那样的他经过这一点点的作业方式的变化，居然能够在课堂上完成新授课的练习。这件平常事，对他来说，真的不容易。

◎ 每天都有收获，真好!

周末和琦在网上聊天，他很兴奋地跟我说：“老师，上个星期我过得特别好!”我说:“回到学校很好吧?开学又见到老朋友了吧?”“嗯,不光是这些,我上个星期过得特别充实,感觉每天都有很多收获,这种充实的感觉太棒啦!”“哦,为什么?”“我每天都知道我在学校学到了什么知识,那些知识都是归我的啊!太爽啦!”

的确,以前成绩中等的琦并不起眼,而且有些玩世不恭。但这学期,我们鼓励学生在校尽快完成作业,琦似乎找到了“生活的支点”,从前晃晃荡荡的他一有时间就做作业,几乎每天都是前几个交上来的,而且正确率明显提高了。

“太棒啦!你的这种爽的感觉就是成就感啊,就是学习给你带来的快乐啊!继续享受这种快乐吧!”我充满欣喜地鼓励着琦。

在那些“看不见”的地方,有很多该为孩子们做的事情,等着我们教师去承担;在那些我们习以为常的日常工作中,埋葬了许许多多能够让孩子们迅速成长的“神奇方法”。仅仅一周多的时间,一个再简单不过的策略,孩子们便出现了如此神奇的变化。相信岁月,相信种子,更相信于无声处下功夫,必能换得惊雷起!

那时花开

陈　超

“我们就这样，各自奔天涯……”

最早听到《那些花儿》时，一下就被朴树那种放浪不羁的声音和轻松烂漫的曲风吸引。那是高中时代，年轻人特有的心态完全随着歌词飘荡。但是不管有多么喜欢这首歌，与这首歌有多么深的灵魂触碰，我始终找不到怀念歌词里提到的那些花儿的感觉。因为彼时的我还不曾拥有属于自己的花，更无法体会失去之后的怀念。

人总是要经历一些事情才能去怀念和回味。

六年级有一篇课文是《百合花开》，我就想把这篇课文做成一系列的课程。为了找个噱头，美其名曰“一花一世界”，想来定能震慑群雄。结果还算理想，工作室的老师以及其他听课的老师都不吝赞美，其中自然不乏恭维之词。

第二学期开学，李老师提议把“一花一世界”做成一个年级的项目学习课程。在准备过程中，我对“一花一世界”的理解又上升了一个层次。

作为一个项目学习课程，这自然不再仅仅是语文一门学科的事情，因此我们在设计课程之初，围绕“花”这个核心概念设计了语文、科学、艺术、哲学四个板块的内容。每一个板块下又进一步进行划分，例如，语文这一板块下可以分出“一花一世界”、写法、作者这三个小板块。我们希望围绕这个主题，从多个角度帮助孩子们构架出一个完整的“一花一世界”。

课程还没开始时，我就让学生们先养一盆属于自己的花，了解它的生长习性，观察它的生长变化，更希望他们能够关注到自己的花背后代表的品质。我当然知道孩子们一开始肯定不知道去关注花的品质，这很正常。因此，当第一次让他们讲述“我与花的故事”时，基本上所有孩子都只关注了花的习性、产地这几个方面。正因这样，我在开始上《爱莲说》《清塘荷韵》时目标更加明确，就是引导学生去关注每一朵花的品质，由品质去体会这些不同花背后的世界。

在第一板块结束之后，孩子们已经了解了荷花、菊花、百合这些花的品质。当我再一次要求他们讲述“我与花的故事”时，孩子们很自然地开始关注花的品质。小胖在讲到自己养的桂花时，甚至用上了“香远益清”来形容，看来他真的把《爱莲说》学透了。虽然他一再强调他的桂花有淡淡的香气，但我却闻不到。班里其他同学有说有香味的，也有说没有的。这其实是他自己的世界，在他的世界里，他养的桂花就是“香远益清”的，我们为什么还要去争辩呢？

其实所谓花的品质，是作者通过观察某一事物，发现它所代表的一些品质恰好与做人的道理相同，在描写最后所指向的一些做人的道理，也就是借物喻人的写作方法。为了让孩子们了解这一写作手法，我们在课程中集中安排了几篇同样写法的文章——《桃花心木》《行道树》《落花生》，都是作者通过借物喻人的写法赞美、歌颂某一类人的美好品质的文章。有了前面学习“一花一世界”的基础，学生们再来理解其他事物的品质时就没有太大的困难了，他们所要学的只是怎样运用这样的写作方法写出一篇

文章。

我依然围绕“我与花的故事”做文章，只不过这次呈现的方式改为作文。果然，在学完借物喻人的写法、了解了花还有自己的世界之后，孩子们在写作文时也知道去发现自己所养的花的世界。希越平时大大咧咧，成天没事就知道跟同学傻笑，似乎什么事情他都没有认真去发现。平时写的字也是不走心，经常一不小心就飞上了天。就是这样一个平时神经很大条的孩子，在这次的作文中却向我展示出细腻的一面。他养的是长寿花，在养花过程中几经波折。由刚接触花时的欣喜，到后来为花寻找安身之地的惆怅，以及最后在妈妈的提点下懂得让花自己去适应环境、自己生长的道理。可以说他对花的认识，与我们学习的《桃花心木》是很相似的。

作文的最后，希越写道：“我明白了，人也应该如此。不能老依靠自己的亲人，自己要练就出一颗独立的心。就像我的长寿花，不经历风雨怎能见彩虹。现在的它枝繁叶茂，谁又能想到它以前病怏怏的样子呢?”看到这里，我很高兴，因为我们的课程目标已经深深地印在了孩子的心中。经过这一段时间的学习，孩子们再看到的花已经不再是以前那普普通通的花。每一朵花都是独特的个体，他们知道这些花的背后有着属于花自己的故事，这个故事是能够给我们启迪和警示的。

在课程的最后，我们学习了作者的其他文章。同学们通过这些文章体会到了作者之所以能够观察到这些花的不同品质，是因为作者从小心怀梦想，坚持不懈地做好每一件事。这对同学们而言又是一种精神上的指引。

在课程结束那天，我们回顾了整个课程学习的内容。这个时候，每一个孩子再看到花，再去品味“一花一世界”这个主题，都知道去关注每一朵花背后代表的世界。当我问道：“我们学习‘一花一世界’，最终要学到的是什么呢?”孩子们突然愣住了。我知道，他们肯定在想：“不就是了解花的品质吗?”于是，我紧接着又问了一句：“难道我们就仅仅是为了了解每一种花的品质，了解它们的世界吗?”孩子们低下头，皱着眉头沉默了。

过了一会儿，有的人开始抬起头。希越举起手说：“我们学习“一花一世界”这个课程，不仅是要了解每朵花的品质，更要通过花的品质体会花的世界，最终是要让自己像花一样拥有属于自己的世界。”

听到这里，我不再讲了，因为已经没有什么需要给他们讲的了。任何一门学问，最终都是通过格物致知的途径获得更高层次的知识。“一花一世界”学到最后指向的是花背后的哲学层面，学生通过了解花的世界进而体会自己的世界，这正是我们课程最初的目标。

经过这次与花相伴的课程，孩子们都找到了属于自己的花，理解了不同花背后的世界。至于他们自己的世界有没有发生变化，我不急于知道。我相信，无论哪一天，今天学到的内容肯定会对他们起到作用。只不过有的早一些，有的晚一些。我有幸与孩子们经历这样一个课程，对我自己也是一种提升。孩子们看到的是花的世界，而我，看到的是他们每一个人的世界。

就像开头的歌词，在这个即将毕业的季节，对于我来说，他们每一个人都是即将各自奔天涯的小花。幸运的是我，曾经陪他们开放，开放在春花烂漫的时间。纵使从此以后再无音讯，好在，那时花开。

分享学生自己心目中的“美文”

李竹平

为了促使孩子们更加自觉地进行课外阅读，自主地从课外阅读的文本中丰富语言积累，习得表达方法和策略，拓宽视野，丰富情感体验，这学期我和孩子们商量，将每周摘抄一篇自己心目中的“美文”并写一段赏析的话作为一项学习内容。因为每周只摘抄一篇，内容自主选择，孩子们欣然同意了。

商量这项学习内容如何落实时，孩子们提出了两个问题：“美文”从哪儿来呢？怎样写赏析？的确，图书馆里有很多书籍，在老师们的倡导下，孩子们自己也买了不少儿童读物，可这些书大多是整本的长篇，如《三国演义》《柳林风声》《赶象人》等。每周摘抄的一篇美文，最好是千字左右的散文、故事，从长篇里选一个相对完整的片段当然也可以，但对一部分孩子来说有一定的难度。如果认为这个问题的答案只有老师才能给出，那就犯了教师本位的错误，看不见学生已有的不同经验和知识积累的价值。我将问题抛回给孩子们。果然，他们相互支着了。

“可以上网搜索。”

“怎么搜呢?”

“输入作家的名字，找那些有名的作家的文章摘抄。比如说老舍、巴金……”

“还可以从杂志上摘抄，比如《读者》《少年博览》。”

……

不愁美文从哪里来了，那怎样写赏析呢？写赏析比找到一篇自认为值得一读的美文更难，有的学生可能不知从何处下手，有的可能只会写几句比较空洞的话。有学生给出了建议：“先要用心读一读，想一想，然后再写。”写什么呢?“写美文为什么美啊!”

昕琪给出了更具体的建议：“可以从写了什么和怎么写的两个方面进行赏析。”

洋洋进行补充：“重点要体会作者用了什么写法将要表达的内容写得真，让读者觉得美。”

在孩子们讨论的基础上，我提出了几点要求，即摘抄要工整、干净、美观，赏析要写上一段话，通顺、连贯。我向他们承诺，他们摘抄的每篇美文和赏析我都会认真阅读，并给他们写点评。

为了保证每个孩子的摘抄都得到关注，我按小组分配了上交的时间。每天赏读一个小组的，既能做到点评细致，又能抽出时间来逐个交流。我想，老师做到用心用情对待，学生才会感受到自己的学习价值，落实得才会更认真，才能从中获得快乐和成就感。

也许是第一次做这样的练习，第一周里每个组都有个别孩子没有按时完成，这在意料之中。我还担心，那些完成了摘抄和赏析任务的，质量上可能难以令人乐观，“美文”可能仅仅是随意找来的一篇文章而已。事实却是令人欣喜的，孩子们摘抄的文章，几乎每一篇都是值得细细品味的美文，有巴金的散文，有摘自《根鸟》的片段，有虽不知道作者却情感真挚的故事……

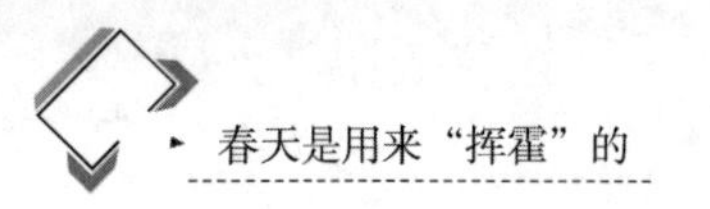

周五，我欣赏着孩子们摘抄的美文，突然想起他们最爱的听读课，何不让他们朗读分享自己眼中的美文呢？

首先是宜泽朗读他摘抄的《草原野花》。原打算提醒他学着我上听读课时的做法，在合适的地方停下来，让同学们就文本内容和写法畅所欲言，但见他读得入情入境，其他人听得津津有味，就让他一次朗读完了全文。等他读完，掌声过后，就有孩子举手了。文字的优美、情感的真实，他们都能体会得很到位，关于这篇文章的主题，几个孩子产生了争执。宇轩认为这篇文章是要告诉人们不能采摘野花，破坏环境。洋洋马上提出反对意见，认为这样理解太狭隘。友路补充说那只是表面的理解，他认为这篇文章既描绘了草原鲜花盛开的美丽，也表达了作者对自然和生命的思考。难能可贵的是，孩子们认为如果文章仅仅是为了告诫人们不要采摘鲜花，就显得俗套了，就缺少美感了。

一凡分享的是巴金的《繁星》。尽管有一两处她读得不够流畅，却将字里行间流淌的那份对家国的依恋之情表达得恰到好处。她一读完，王婷就说文章三次写到了作者看天上的星星，让人感受到了他对母亲的怀念，对童年的追忆和对祖国的依恋。

俊俊是一个学习认真，但成绩一直很不理想的男孩，他摘抄的文章题目是《我是爷爷的命根》。文章有故事感，第一自然段就让人感受到了细腻、传神的描写。这篇文章用听读课的方式来分享最合适不过了，我便提醒他每读完一个自然段就停下来，让大家发表自己的感想和观点。果然，第一自然段读完，就有孩子有感于爷爷嗜酒如命的细节描写；读完第二自然段，有孩子想到题目是《我是爷爷的命根》，为什么至此还在写爷爷爱喝酒的事呢？接着就有人对故事的发展做出了自己的猜想……

一节课，分享了三篇美文，大家意犹未尽，收获满满。通过摘抄美文，我对学生的眼光刮目相看。看来，将对文章的评价权完全交给学生，让学生自主学习，充分信任他们。他们会用事实证明自己的进步，会收获更多的精彩。

教数学时，我们都教什么

耿子文

如何让课堂不那么枯燥，让课堂更加厚重，更加有后劲儿呢？小学课本关于知识划分了四个不同层面：事实性知识、概念性知识、方法性知识、价值性知识。那么，首先我们就从这四个层面来分析一下不同层面知识下的不同内容。

以“认识乘法”为例来分析一下小学数学知识的四个层面。

一、事实性知识

创设生活情境，引出搭配问题：为学生呈现出两件上衣、三条裤子。学生一定能够说出具体如何搭配。这就是事实性知识。

二、概念性知识

学生在独立思考的基础上，说出一共有多少种方法，并且在总结方法的基础上，在老师的引导下，能够用乘法算式表示出一共有多少种搭配。这就是概念性知识。

三、方法性知识

学生在独立思考的基础上，能够得出很多种方法来解决上述问题。如：画图法、连线法、用字母表示法、列举法等等。

学生运用这么多种方法对教师而言是十分有价值的。但是，有价值的方法背后更有价值的规律是什么呢？教师应当重点引导学生学会有序的思考。有序的思考就是方法性知识。

四、价值性知识

教师举出不同的例子，引导学生深入理解“有序思考”的价值所在，这就是价值性知识。

理解了四个层面的知识，下面我们举例子来探讨一下传授什么知识。

一、教与生活联系的数学

联系生活的数学是要真的联系实际，而不是“假装”联系实际。学生生活在丰富多彩的现实世界中，但是，一般情况下，学生一进入数学课堂，就会“与世隔绝”。所以，教师在联系生活教授数学的时候，一定要创设合理的情境，“真正”联系生活。

二、教相互联系的数学

在新授课中，播下数学知识的“种子”，在复习课中，通过建立联系收获“知识树”。也就是我曾经在“因数与倍数”的复习整理课中引导学生做的“知识树”。

建立数学知识之间的内在联系是一项复杂而繁重的任务，需要我们每一位数学教师在平时的教学中不断探索。

三、教有思想的数学

逻辑和推理是数学核心思想中最重要的两点。数学教师需要在课堂上处处“隐用”数学的逻辑和推理的思想，使得每一节数学课堂都能提高学生的数学逻辑和推理能力。

四、教美的数学

数学是美的，如果把科学比作国王头上的一顶王冠，那么，数学就是这顶王冠上最大最亮的那颗钻石。

数学是美的，数学的美体现在对称之美上，体现在逻辑之美上，体现在无形上……

但是，数学最美的地方在于简洁之美。简洁，是需要伟大的智慧的！

“纵容”弱点

许　杰

学过语言的人都清楚，语言学习没有捷径，只有勤奋。可让十几岁的孩子始终坚持太难了。当我面对这样一群不知“勤学苦”的孩子，该怎么办呢？

这周英语课上，我们开始学习新单元——介绍人物。介绍人物，难免会用到很多形容词来描述人物的特征。所以我们第一节的热身课内容是复习以前学习的形容词，再引出 5 个新授词汇，作业要求把这些词汇写四遍英文一遍中文。课上孩子们表现得很热情、积极，可当听到有作业，很多孩子开始唉声叹气，各个吵着作业多。就 25 个词，一共写下来不过一张作业纸，10 分钟左右一定会完成的，怎么会多呢？我简直不能理解他们，于是把他们的借口归结为懒惰。我开始苦口婆心地教育孩子们：学习要勤奋，不能懒惰；词汇是英语学习的关键，一定要牢记；牢记词汇关键在于下笔写，好记性不如烂笔头。最后总结一句话：想学好英语，就一定要动笔写单词。大部分孩子在我耐心的劝解下默默接受了我的建议。有一些孩子是被我严密的逻辑说服了，但还有一部分孩子拒不接受。他们就是我的“三不”学生：不改作业，不写作业，不交作业。只要跟动笔有关的作业，基本上都不会完成。其中，最让人头疼的就是小博。

既然回家不写，那就在学校看着小博完成。果然他完成得很快，可是每次考查这些词，他还是不会。这是怎么回事？这次我陪着他写作业，才发现奥秘所在。他有自己迅速写单词的秘诀，别人都是写完一个完整的词，再写下一个词，这样一个词写四遍。他是先写一个词的第一个字母，一个字母写四遍，再写单词的第二个字母，再写四遍。这样写得飞快，因为根本就不用看这个词，只一味机械地写字母就行。他这样不用心，学习没有效果，可怎么办呢？

要解决小博的问题，主要是让他在学习的过程中认真用心。他那么不喜欢写字，一定不会在写字上下功夫。小博虽然不喜欢动手写，但是特别喜欢说话，语言模仿能力很强。那就不让他写单词，改成让他读单词、读句子、读课文。我跟他约定，如果他能把课文读熟，读流利，并且理解文意、句意和词意，就可以不用写单词。他愉快地应允了。由于他想尽力避免书写，所以他在朗读上面特别用心。一篇课文要读上七八遍，直读到自己满意为止。每次上课他都想要第一个站起来给大家泛读，看到他自信满满，落落大方地读完全文，全班同学都投来了羡慕的目光。虽然没让他书写词汇，但我却发现很多词汇他已经会写了。比如：vacation 这个词，我从没有要求让他书写，但是在写作的时候，他却能书写正确。问起原因，他笑笑说：“老师，那篇课文我都读过十几遍了，早都记住了。”

之后，我把这个方法在全班普及，当他们不被束缚在书写上时，大部分的孩子都把热情投入到朗读上。现在全年级以班级为单位，开展英语课文速读活动，评选朗读最流利、最准确、用时最少的学生。孩子们经常一下课就到我办公室里读书给我听，争前恐后，总怕被落下，怕读不好被罚去书写。

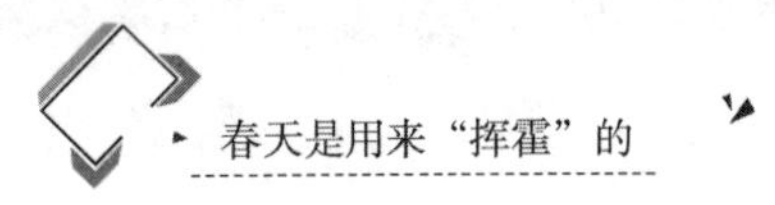

速读活动坚持了一段时间，我发现对孩子的英语发展有很大的促进作用。比如，学生现在认得的词汇量迅速增长，虽然很多词汇还是不能完全正确地书写下来，但是书写已经能有规律，基本错误是颠倒字母，或者书写错字母，而不是胡乱书写了。学生愿意张口说英语，愿意大声读英语，在接受新内容的时候，比以前要更容易。由于学生读得多，他们能听懂的内容也多了，通过听获取信息的能力因而迅速提升。当然，有一些孩子还是不擅长张口说，他们仍然喜欢书写，通过书写，他们的记忆效果更好。

每一个孩子在语言学习上首选途径是不同的，有的孩子擅长听读，有的孩子擅长书写，有的孩子擅长联想。他们在接受新信息的时候，会用自己擅长的渠道接受这些信息，用自己擅长的方式分析、整理、吸收这些信息。语言学习确实有比较有效的途径和方法，比如词汇学习要将音、形、意结合起来，以听输入，并与实物结合，再接触词汇的形式——书写，这样的流程对于大部分学生是有效的。但有些孩子不擅长从听的渠道获取信息，这样的顺序就不利于他的学习。在学习上，学生不擅长做的事情，通常会被别人认为是“弱点”，但也许这并不是他们的弱点，只是他接受信息的首选方式与别人不同而已。这时，如果我们一味地帮助他们克服“弱点”，反而会抑制他们发展自己获取知识的最佳途径，不利于他们的学习。我们要从学生擅长的事情切入，把他擅长的事情发挥到极致，这样才能带动整个层面的学习。不要用适合大众的方式去要求所有的人，因为有些人注定是不一样的。

给学习加点料

陈　超

其实这并不是什么新奇的想法，世界各地的课堂中都能看到老师每天绞尽脑汁想要给学习变个花样，希望能吸引每一个学生的目光，调动他们的积极性。但真要做起来，并不是那么简单。好在只要肯尝试，总会有些许变化的。

前一段时间我布置了一道练习题，是用一个比喻句来形容六年级的学习生活，很多同学都大胆地写出了“枯燥无味”这几个字。我心里虽然有小小的无奈，可也能理解。每天大部分时间都用来复习过去的知识，同样的知识点反反复复地讲解，怎能不枯燥无味呢？可这基本就是毕业班的节奏啊！

最近又要开始复习成语了，有些成语我这个当老师的都不会，更别提让这帮孩子去记住了。怎么办呢？总要想个更好的办法，让他们既能跟着学，又不至于太抵触。

第一节复习课，我让每个学生领读，把当天需要复习的成语读两遍，然后再听写。这个方法太过传统，同学们虽然都能用心去背、去记，但效果不明显。课后我不禁反思，孩子们对这种传统的复习方法不感兴趣的原因究竟是什么呢？一直以来都是老师布置任务，学生执行啊！我想，问题就出在这里，学生根本没有自己学习的动力。为了解决这个问题，我准备把成语复习设计成游戏的形式来完成。

第二节复习课，我没有直接安排听写任务，而是让同学们先领读今天要复习的成语，之后把老师的听写改为同学之间的互相提问。我将班里的同学分成两组，每组互相提问某一类的成语，正确写出两个就算赢，积两分。每10分可以兑换一个年级积分。答不出来的同学，可由提问一方回答，回答正确同样可以获得两分。

没想到孩子们竟看出来这是老师想“骗”他们背成语，我被他们的聪明才智弄得无可奈何。这是都知道了也无妨，还是看哪个组能率先获得积分奖励吧。

比赛时间很短暂，只有不到20分钟，已经有一个队伍累积了12分。看到自己这节课每个组员都能获得积分奖励，每个同学都欢呼起来，早就忘了一开始对比赛的不屑。那些没有获得奖励的同学一个个看起来垂头丧气。“这次没有获得奖励的同学不要气馁，下节课我们接着比，而且内容要增加！”我赶紧告诉他们，以免一个个失去斗志。

“耶！”“我要赶紧多看几个成语，争取下次能回答上。”“那个谁，你中午别吃饭了，赶紧多背几个成语吧！”听到还能继续比赛，每个同学都充满热情，斗志昂扬。就连平时学习不主动的乐，下课也在那拼命地背诵，就怕给自己组丢分。没想到平时拿着鞭子都赶不动的同学，就因为一个小小的比赛，积极性全都被调动起来了。

第二场比赛开始了。大概是上一场轻松获胜的原因，红组一上来就丢了4分。看着自己一方的落后，他们虽然能在嘴上找点便宜，说是让着其他组的同学，可是我看得出，他们脸上都露出了焦急的表情。平时散漫的天姿，当看到自己组员写不上来时，也开始替同学们着急。可想而知，如果轮到她自己回答时，她还会不用心去背诵吗？这些已经不再是我需要担心的事情了，我所需要做的，只剩下陪着他们一起开心地学下去。

最终，蓝组获得了第二场比赛的胜利。其中，乐的贡献最大。他不仅答对了对方的提问，还成功难住了对方，为他们组挣得了一次宝贵的答题机会。正是通过这次机会，蓝组取得了胜利。乐虽然有点腼腆，就是在他回答正确同学们献上掌声时，也没有表现得太高兴，可是当自己组的队员答不出题时，他非常着急。我很高兴，平时对待学习散漫的他也开始因为这小小的比赛有为集体荣誉努力的劲头了。

下课时，小胖对我说："老师想的这个方法真好，我们既能玩得开心，又学到了知识。"可见，虽然学生知道游戏的目的是为了更好地学习，还是在课后认真背诵成语，彼此自发地提问，互相帮助记好每一个词，这说明他们并不是不爱学习，而是需要老师用恰当的方式来引导。

整个游戏期间，我并没有特意做什么，但每个同学的积极性都被调动了起来，这给了我很大的启示，给学生加点料，可行！

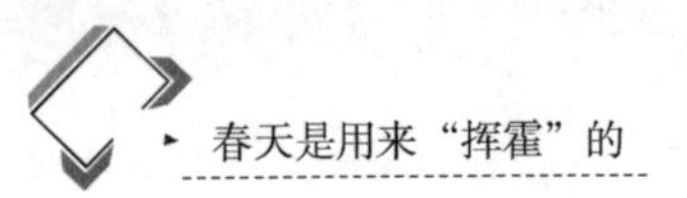

仅仅有趣还不够

——《少年，丑就娶个美女吧》教学记

李竹平

“一花一世界”为主题的多维拓展式阅读教学活动，是以林清玄的《百合花开》为“基底”文本进行课程设计的。我们主要从三个维度进行了拓展，分别是写花的诗文、借物（花木）喻人的写法和走近林清玄。《少年，丑就取个美女吧》是“走近林清玄”板块中的一篇文章，作者是雾满拦江。

这的确是一篇很独特的文章。看到这个题目，你怎么也不会想到它其实是一篇人物传记。但无论是谁，都能料到六年级的孩子看到这个题目时的反应：好奇、惊讶、疑惑。尤其是读惯了教科书上中规中矩的题目，这个题目就太另类、太有趣、太吸引人了。

用心读完这篇两千多字的文章，你一定会被作者独到的匠心所折服。没有一般传记作品的端庄，也没有浓笔细描林清玄的人生成就，而是从一个长得很丑的少年的三个愿望落笔，让读者看到林清玄“喜剧性”的成长足迹。这是一个丑小鸭变成白天鹅的故事，成长的过程应该有无尽的艰辛，作者偏偏用轻快、乐观和风趣幽默的笔调，让读者感受到的都是成长的快乐。

总之一句话，这是一篇有趣的文章。

有趣，是学生爱读的最佳理由。

怎样在课堂上与孩子们一起分享这篇独具匠心的传记呢？当然从“趣”入手了。

一、分享“有趣”

最喜欢读什么样的文章呢？孩子们的答案高度一致：有趣。“一花一世界”主题下的文本，哪个最有趣？答案是唯一的——《少年，丑就娶个美女吧》。我敢肯定，选文发下去才第三天，没有做具体的布置，学生不可能将十多篇文章都读完，但一定都读了《少年，丑就娶个美女吧》。“已经读过这篇文章的请举手。”这不，齐刷刷都举了起来。

哪些地方让你觉得有趣呢？课堂上再给五分钟时间，浏览全文，标注自己觉得有趣的内容，然后交流分享。

一下子抓住学生眼球的是题目。有趣的题目最易让人产生疑问：既然长得丑，凭什么娶个美女呢？会不会应了那句——癞蛤蟆想吃天鹅肉？

文章中的人物和发生在他们身上的事情更有趣，读来让人忍俊不禁。学生争先恐后地举起手，分享自己体会到的趣味。无论是概括描述还是朗读句段，都会带来阵阵欢笑。父亲生了 18 个孩子，多得连自己都认不过来，认不过来还辩解是因为孩子长得丑；听丑孩子说长大要当作家，还听丑孩子说作家的工作就是坐在家里写字等别人将钱寄来，父亲说这是胡说八道，一个耳光将丑孩子扇倒在地；丑孩子看地图，说长大要去埃及，又被父亲扇了一个大耳光；丑孩子读初中时，和 7 个同学偷跑到戏院看了场《罗马假日》，电影散场，他们歃血为盟，长大一起娶奥黛丽 · 赫本为老婆；丑孩子长大成了作家，一次来北京，在机场打出租，司机热情招呼他“闺女”，他生气了，司机马上改口喊“大娘”……这些就像喜剧电影的桥段一

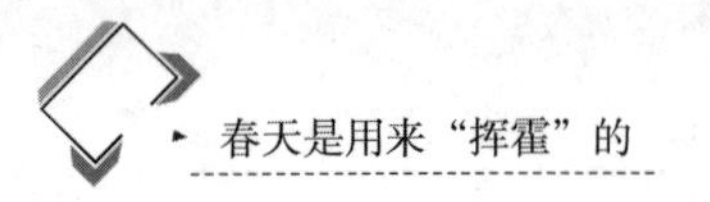

样，几乎可以让人笑出泪来。

课堂因对话而充满生命气息。教师与学生在对话过程中互为主体，彰显着彼此在对话中的价值。学生言说时，教师倾听并呼应；教师言说时，学生倾听并呼应。教师的言说不能居高临下，却一定要带给学生新鲜的东西。除了学生从文本本身发现的诸多有趣的文字和文字中的故事，作为教师的我，还需适时给他们补充文本背后更多的故事。

丑孩子在家排行十二，直到上学，都没有正式的名字，后来的名字（林清玄）是他的老师给取的。解读他的名字，我们会发现，名字的寓意与他的人生成就是那么一致。我告诉孩子们这些，是为了激发他们主动去了解林清玄，阅读林清玄的作品。

谈到奥黛丽·赫本，我当然要让学生进一步体会文本内容的趣味。我告诉他们奥黛丽·赫本的生平，尤其是她与林清玄的年龄对比。奥黛丽·赫本结婚时，林清玄才刚刚出生呢，当然让人觉得太好玩了。

我提醒孩子们，读到一篇好文章，一定要向作者致敬。当大家将注意力集中在作者身上的时候，又感受到了一份“有趣”——作者的名字竟然叫雾满拦江。有人马上想到这可能是一个网名。的确，这是网名，我告诉他们作者原名叫崔金生，向他们介绍了作者的成就，谈到他的历史小说时还顺便谈到了当年明月和《明朝那些事儿》。

一篇有趣的文章，一个有趣的主人公，一个有趣的作者，甚至还有一个有趣的好莱坞演员加入进来，如此丰富的有趣，令人大快朵颐啊！

二、体会“情趣”

谈完有趣，我问孩子们，一篇文章仅仅有趣，算不算好文章？有学生举手发表看法：不算好文章，太肤浅了。对啊，一篇文章要避免肤浅，就不能停留在有趣的水平，还应该富有“情趣”。“什么叫情趣呢?”我先这样向孩子们解释“情趣”：就是有情有趣。孩子们摇着头笑了，还是不明白。那就说得明白点吧：就是细细品味，字里行间还有让人产生共鸣的真情。哦，原来如此。孩子们再次与文本展开了对话。

不到五分钟，好几个孩子举起了手。时机成熟，接着聊。

第一个学生谈到父亲接到丑孩子从埃及金字塔下寄回的信，读信时说了一句：你看这一巴掌打的，打到埃及去了。这个片段有情趣，让他体会到一向很野蛮的父亲其实还是爱着丑孩子的，此时此刻为丑孩子感到骄傲。

第二个学生谈到丑孩子的三个愿望。她说，丑孩子从小就有三个人生愿望，为了实现愿望他不断努力，终于都实现了。这让她十分佩服。

……

孩子们没有谈到文章除了内容有情趣，表达也是有特色的，教师就要提醒提醒了。我告诉他们，文章语言朴实，读来轻松幽默，与作者的构段造句有关系。学生很快发现，句子都很短，段落也很短，因为短，就有了节奏感，读起来才轻松。

三、领悟“理趣”

谈完“情趣”，我告诉孩子们，有了“情趣”还算不上好文章，好文章得有“理趣”。什么是理趣呢？很快有学生联想到了“有情有趣”，大声说：理趣就是有理有趣。教室里马上一片笑声。

我肯定了这个孩子的理解，接着有一个女孩举手：就是让读者明白了一个道理。这说得多明白啊，的确，就是能给读者以启发，让读者领悟道理。

这次不用再读文章，马上就有学生争先恐后地举起手，他们都将目光聚焦到了最后一个部分，尤其是最后一个自然段——

梦想从不遥远，只是需要开始。在这个过程中并没有什么艰难险阻，有的只是漫长道路的坚忍与执着。并不是每个人生梦想都会实现，但没有梦的人生，才是莫大的悲哀。与其在茫然之中拖沓寂潦，莫不如沉静下来，向着自己的人生目标前行。你所走过的路，就是你的人生，你所体悟到的智慧，就是你人生的价值。

无须谈论，“理趣”尽在其中，读出来就足够了。第一个孩子读得很认真，已经似有所悟；第二个孩子读得很抒情，这是真的领悟了的感觉；第三个孩子是自己强烈要求为大家读一遍的，不仅是对自己朗读的自信，更想表达自己的收获。

一篇两千多字的文章，一节课，35 分钟，从“有趣”到“情趣”再到“理趣”，对话的过程是那么行云流水，举重若轻，师生都意犹未尽，收获满满。

这种感觉，真好！

基于真实情境下的语言学习

许　杰

我是一名英语教师，从前教英语要考虑的是如何让学生迅速、有效地掌握语言知识，训练语言技能。所以，我是从词汇、语音、语法、话题和功能的角度考虑语言学习，希望孩子们通过学习语言知识掌握语言素材，进而学会生成语句，学会应用。但是，我忽略了一个重要的问题：语言的使用离不开情境。

这次借“一师一优课”活动，我们和区教研员进行了深入的探讨，我才真正开始仔细地思考情境这个问题。这在教学上称为情境教学法。所谓情境教学法，是指教学过程中，教师有目的地引入或创设具有一定情绪色彩的、以形象为主体的生动具体的场景，以引起学生一定的态度体验，从而帮助学生理解教材，并使学生的心理机能得到发展的教学方法。在英语语言学习上，即创设合理的、真实的场景，让学生从中体验语言的使用，同时设置真实情景中的交际任务，帮助学生正确地输出语言。

于是，我对此开始了第一次探索性尝试。在有关低碳生活的教学设计中，学生在课文中学习了保护环境的 5 种做法。为了让学生熟练地掌握这 5 种方

式，最开始给学生设定的任务是复述。虽然学生也能认真完成，但是总感觉学生的兴趣不高。第二次，我将教学目标定位在使用这5种方式保护环境上，于是给学生设定的任务变成：看真实情境中不文明现象的图片，对图片中的人物提出建议，同时反思自己是否有类似的行为，并提出应如何改正的意见。相比第一次的教学活动设计，学生明显更愿意参加第二个教学活动。

课后我思考，学生之所以更愿意尝试完成第二个任务，因为第一个教学任务由于单纯地定位在语言知识学习本身，没有实际应用的意义，学生不明白为什么要复述，跟实际生活有什么关系，所以失去兴趣。而在第二个任务中，学生看到了真实图片中的不文明现象，激发了学生头脑中的真实情境。这时，学生明白语言使用的真实情境后，才能有要表达的欲望，才会觉得此项学习是有意义的。即使这项任务有困难，学生还是会努力尝试解决，而此时，教师提供的语言支持和帮助，才会取得事半功倍的效果。同时学生要反思自己的不文明行为并加以改正，希望学生由人及己，将所学所思付诸实践。因为，实践和行动才能够真正促成改变。

我开始渐渐明白为什么学生不愿意回答我的这些问题：What's the date today?（今天几号?）What day is it today?（今天星期几?）What's the weather like today?（今天天气怎么样?）而当我让他们做天气播报员的时候，他们那么热情地问我：“老师，今天是4月5号怎么说？今天晴转多云怎么说?”因为，我的问题没有情境，学生不知所谓，也许还会嘲笑我明知故问。而当我给他们一个做天气播报员的任务后，他们知道语言要使用的情境后，开始联系实际，组织自己的语言，此时他们会主动学习。

情境对语言学习至关重要。没有情境的语言就像是离开水的鱼、离开天空的鸟，即使再美丽，也不能自如游弋和翱翔。情境是先于语言存在的前提。因为有这样或那样的情境，人们要在不同的情境中做成事情，所以才要借助语言进行表达，使人们要做的事情能够迅速、有效地达成。因此，在语言学习中，只有让学生明确语言使用的情境，学生才能学会运用语言。

放飞我们共同的风筝

陈 超

小时候我从来没有放过风筝，每当看到文章中描写放风筝带来的欢乐时，通常都无法理解。一个人拽着一根长长的线，自己在前面用力奔跑，只为把一个小小的风筝放上天空，最后就能心满意足地看着那个风筝在天上飘荡？这种喜悦我体会不到，在我看来那无非是一种枯燥乏味的运动。

今天在课堂上，我即将跟学生们一起学习《理想的风筝》。这篇课文讲述了一个身残志坚的老师，在自己平凡的岗位上，面对自己身体残疾的现实，始终能够保持乐观、坚毅的生活态度的故事。他的这种生活态度对学生产生了极大的影响，使得一批又一批学生在聆听他的教诲之余，被他乐观向上的生活态度所打动，甚至影响到许多学生今后的生活道路。

一般上课我都习惯让学生先根据前一天的预习情况，说说自己对课文的理解，以此来作为对前一天作业的检查。可是今天，我刚说要学这篇课文，还没等我检查，居然就已经有学生开始主动发问。“老师，我有一个问题，为什么这篇课文的题目要叫‘理想的风筝’啊？理想我能懂，可是

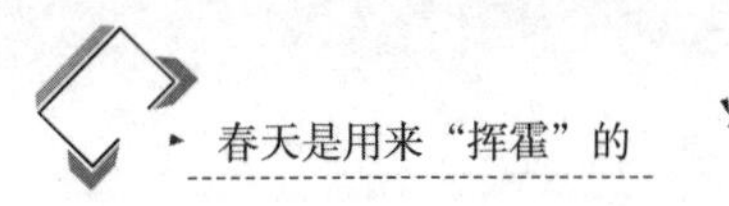

‘理想的风筝’是什么意思呢?”馨莹举手起来提问。上课主动提问还是很少见的，而且这个问题又能直接指向文章的核心，这让我多少有点小激动。我预料，这节课上起来应该不会很困难。

“老师，我知道，文章当中都已经写了。”正当我不知道该如何把话题引向核心问题时，平时就很积极的路举手发言了：“文章第二自然段和倒数第二自然段都写了春天，春天可以放风筝，因此题目就取名理想的风筝。”

这是一个让我哭笑不得的答案。这帮孩子思考问题时还不能捕捉课文中最准确、最核心的词语，回答问题时往往只能在核心周围打转转。关键原因还是平时阅读训练太少，对文章的理解能力不足。好在这次的答案已经给了我一点点把他们引向核心问题的线索。

“如果说春天揭示了可以放风筝，那理想在这里是什么用意呢?”

路眨眨眼睛，我知道他回答不上来，只好让他坐下。其他学生开始思考，我很高兴。虽然表面上课堂看起来沉静得像一潭死水，但我知道，此时他们的大脑里一定波涛汹涌。

果然，最近表现比较好的小尹举手了。“因为第二自然段写到柳枝和连翘，这些植物在春天开放。春天代表生命的复苏，生命又跟理想有关系，所以……”

我知道他很难再把语言组织清楚了，不过我很高兴能听到“生命”这个词。“怎么又讲到生命了？不是理想和风筝吗?”我故作不懂，希望他们能再进一步想到点什么。

“老师，生命的绽放就是指刘老师身残志不残的精神啊！他的这种精神深深地影响了同学们，这就是帮助同学们放飞了他们理想的风筝。”班里一直非常能说的小胖，还没等我批准就又忍不住地说了出来。看来只要他们能够用心思考，其实很多问题他们是可以自己找到答案的。可我总觉得哪里还不是很满意，索性再掉一下他们的胃口。

“那谁能把刘老师、同学们、理想、生命和风筝连起来说一句完整的话？这句话要能很好地解答我们一开始的问题。”

课堂再次陷入沉寂，我喜欢这种沉寂。

“老师，我知道了，应该是刘老师用自己的生命放飞了同学们理想的风筝。”

同学们也纷纷点头。虽然用了将近一整节课的时间，看似没有讲出很多，但我觉得很值得。

接下来的时间就是带着学生一步一步去理解他们自己找到的答案。为什么说刘老师是用自己的生命？孩子们从课文中刘老师风趣、幽默地讲出自己残疾的往事看到了他积极、乐观的生活态度；为什么说放飞了同学们的理想？孩子们关注到了刘老师在课堂上、生活中对学生的言传身教；为什么一定要是理想的风筝？孩子们道出了风筝的寓意，关注到了刘老师身残志坚，以身作则地放飞理想的风筝。原本这节课这里应该结束了，不过课堂总是在每分每秒中变化着。

当讲到刘老师放飞同学们的理想时，我们关注到的原因，刘老师面对学生回答问题时甚至比学生还紧张。我随口一问：“刘老师为什么比学生还高兴，同时又比学生还紧张？”

这个问题让他们活跃的思维再度沉稳下来。孩子们大多认为是因为刘老师身为教师，出于工作的原因自然会非常紧张。在他们回答的同时，我也不断思考。如果仅仅是出于工作的原因，刘老师就一定要这么紧张吗，甚至比学生还紧张？我也是一名教师，可我怎么很少会有这样的感受呢？跟孩子们聊着聊着，我想到了“放飞的理想”。与其说刘老师在他工作的每一刻都在放飞着学生们的理想，不如说他其实是在放飞着自己和同学们共同的理想。因为同学们的理想在刘老师看来其实就等于自己的理想，只有这样才能很好地理解他为什么如此紧张，甚至比学生自己还要紧张。

虽然最后孩子们知道了刘老师的这层心思，但我想他们不一定能理解，但这已经不重要了。这节课学生学到的可能是理想与风筝、刘老师与同学

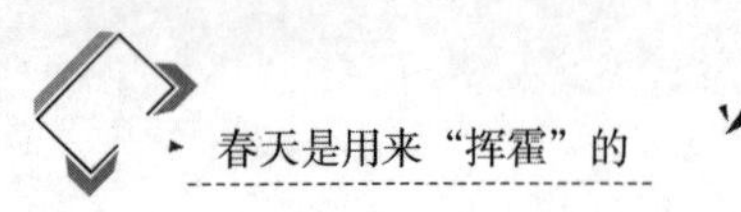

们之间的关系。幸运的是，我从这节课中体会到了一名老师的幸福。就像这节课，孩子们用自己的思考一点点找到问题的答案。看着他们开心地笑，我也非常满意。

同事们有的时候聊天，会读到不理解为什么要为了那些可能永远学不好的学生付出那么多精力，期盼他们有一天能够取得一点点进步。或许，在我们每个人手里，都握着一根理想的风筝线，都希望能把那架风筝放得高、放得远。

很高兴，儿时没有体会到放风筝带来的喜悦，在工作之后体会到了，即使并不是真的通过风筝体会到的。

让数学学习充满想象

耿子文

上一个单元结束，孩子们的单元总结是一张思维导图。我的要求是：思维导图的核心是圆柱和圆锥，我们要做的是让这两个核心词产生联系，不管是什么联系。

孩子们的作业林林总总，各出奇兵。有认真总结课本知识的——用体积公式联系圆柱和圆锥；有充满奇思妙想的——居然用火箭的外形来联系二者；有的孩子，数学知识面极其开阔，想到了图形与代数中的很多知识点，而且都囊括到思维导图中；有的孩子其实并不是很重视将两个关键词联系起来，而是由两个关键词生发而去，想到了很多生活中常见或不常见的元素。

我一边为孩子们广博的知识面惊叹，一边暗暗庆幸：我们的学校，我们的老师，真的没有在艰苦的教学过程中，伤害到孩子们的想象力，反而，还将它发挥到了极致。

那么，什么是数学的想象力呢？就是能把一个数学问题联想到另一个

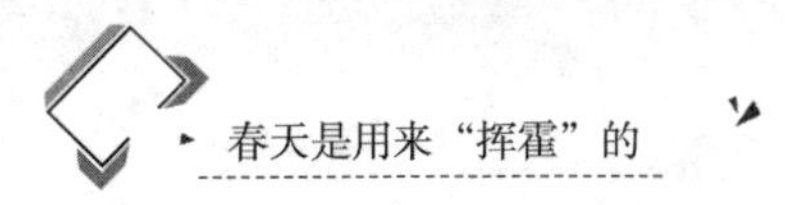

问题（包括但不仅限于数学问题），并找出彼此的关联。一个具备了数学想象力的孩子，才算是真正开始走入数学的殿堂。

具体来说吧，最简单的数学想象力就是摄取题目信息的能力。每一道数学题目，都浓缩了一个小小的生活情境。例如：李阿姨去商店购物，带了100元，她买了两袋面，每袋30.4元，又买了一块牛肉，用了19.4元，她还想买一条鱼，大一些的每条25.2元，小一些的每条15.8元，请帮李阿姨估算一下，她带的钱能不能买小鱼，够不够买大鱼。孩子要解决这个题目，除了掌握估算的知识之外，最重要的是能够理顺李阿姨买东西的过程，先将自己融入情境中，体会情境、理解情境，再将自己抽离出情境，提炼数学信息，将情境和数学知识建立一定的联系，顺利解出题目。

最有用的数学想象力就是孩子的几何直观能力，比如孩子根据题目画矩形图或线段图的能力。借助几何直观图可以把复杂的数学问题变得简明、形象，有助于探索解决问题的思路，预测结果。例如：常见的行程问题、分数实际问题等等，都需要孩子们插上“几何”这个想象的翅膀。

最高级的数学想象力就是联系生活的能力。例如这样一个题目：1200张纸大约有多厚？孩子可以观察自己的课本大约有几页，建立起页数与厚度之间的联系，从而顺利解决上述问题。然而，这种联系生活的想象力还不仅仅局限于让孩子们感受生活、体会事物，更重要的是让孩子们认识到，现实生活中处处蕴含着大量的与数量和图形有关的问题，这些问题都可以抽象成数学问题，用数学的方法予以解决。比如我们开头提到的，火箭的外形是由圆柱体和圆锥体组合而成的。孩子只有具备这种与生活相关的数学想象力，才可能在数学及其相关学科方面得到更深入的发展。如果实在无法具备这样的数学想象力，他将会从事与数学学科不直接相关的工作。这就是新课标中提到的核心理念：人人都能获得良好的数学教育，不同的人在数学上得到不同的发展。

读《儿童学习心理与小学数学教学》有感

耿子文

本学期数学教研组的共读书目是张兴华老师的《儿童学习心理与小学数学教学》一书，读了这本书，我学会了从教育心理学的角度和儿童的角度重新思考进行数学学科教育。

张兴华本人其实并不如他的“弟子”名气大。近年来在国内小数教坛中相当活跃的华应龙、徐斌、张齐华、贲友林等人，都自称是他的“弟子”。早期，张兴华老师便应用儿童学习心理进行数学教学实践与研究。在他的带领和影响下，一群有着相同追求的年轻人追随着他进行了数十年的实践探索，以儿童的学习心理为支点，行走于小学数学教学的天地间，开拓了一条科学的数学教学之路，开创了在小学数学界颇有影响的教学流派——基于儿童学习心理的小学数学教学流派。

在他的书中，传统儿童心理学中诸多的泛概念都已经被生动、深刻的教学实例代替了。这些变化，在本书的目录中就可以直观地感受到，如“强化感知”“重视操作”“提供变式和反例”等。因为，儿童学习心理不只是涉及知觉、感觉、思维、情感这些大而空洞的词语，而是可以附着在一些更加具体、更加细微、更能贴近儿童数学学习生活的内容上。

那么，如何去发掘教学生活中的这些更加具体、细微、贴近儿童数学学习生活的细节呢?

例如张兴华老师在书中提到：为了组织学生的有效学习，要为学生提供充足的变式和反例。处于具体运算阶段的小学生，虽然还缺乏抽象思维的能力，但是，只要给予学生充分的具体形象的材料，他们就能够进行抽象思维。所以，在概念课中，学生的概念形成绝不是一次可以完成的，而是要经历复杂的认识过程。首先，要先从感性认识上升到理性思维，而这种上升本身就需要大量的感性材料支撑。其次，理性的新思维要通过与旧思维发生联系而储存入儿童的认知体系之中。这种储存需要大量的变式与反例来去伪存真。张兴华老师提出的要充分运用变式和反例，从正反两个方面来促进学生的概念学习，正是出于以上的考虑。大师的意见总是一致的。在吴正宪老师“分数的初步认识”课例中，我看到吴老师利用学生的操作产出丰富的资源，为学生提供了充分的二分之一的变式和反例，让学生在讨论、争辩中充分理解平均分的含义。

再比如，张兴华老师在《为“迁移”而教》一节中就提到，老师要十分注意学生先前获得的认知结构对后续学习施加的积极影响，使得新知识通过正迁移而同化或顺应于原有的认知结构，并使得原有的认知结构得以不断扩展和壮大。张老师用异分母加减法的例子，讲解了正迁移教学的好处：学生从同分母分数加减法，顺理成章地想到：“如果能够将分母变成一样的，就能够算了，”从而自然引出异分母分数加减法的算理和算法。我们教师在教学中要尽力做到：充分利用学生原有认知结构，固定与旧知识相联系的新知识；认真寻找新旧知识之间的共同因素，促进正迁移，仔细分辨新旧知识之间的相异因素，有效防止负迁移；加强基础知识的教学，提高理解的概括程度。

是的，正如张兴华老师所说："教学应该懂点儿心理学。心理学知识就好像是我们教学的源头活水，用心学习用心实践才能吸取源头活水，才能更好地理解数学教学、驾驭数学教学，真正实现灵活、高效、学生乐于参与的有生命的数学课堂。"

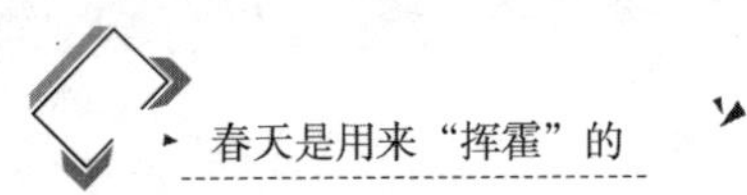

课例研究：吴正宪老师的分数初步认识

耿子文

吴老师的分数初步认识，是一节典型的以儿童心理为基础的课例，内容精彩纷呈，内涵深刻丰富，是一节不可多得的好课。以下三个方面对我触动颇深。

一、尊重学习起点，闲话家常，直入主题

在开始学习之前，学生对于分数已经有了自己的认识。但是这些认识可能是表象的、有失偏颇的，甚至是完全错误的。吴老师在课堂之初，直接从学生的学习起点出发："分数，你们从哪儿摸过它们，或者在哪见过它们，或者听大人们说过它们，都可以说说。"第一个学生说："分数就是考试成绩。"吴老师指出，这个不是我们今天要研究的分数。看似平常的闲话家常，却将那些学生对分数认识中错误的、非数学本质的内容排除在课堂内容之外。

在学生们纷纷说出自己对分数的理解之后，吴老师又说："分数啊分

数，你不想问它点儿问题吗？”用孩子的对话方式引导学生思考和探究，激发学生继续研究分数的学习欲望。因势利导，直入主题。

简明的开场，符合儿童的认知规律，让公开课接住了儿童的地气儿。

二、注重首次感知，聚焦核心，夯实概念

根据皮亚杰的认知发展理论，三年级的儿童尚处在具体运算阶段。此时的儿童还缺乏抽象思维，但能够凭借具体形象思维进行抽象思维。处在这个阶段的儿童在首次感知抽象概念时，对象进入大脑的信息是全新的、前所未感的，它可以不受前摄抑制的干扰，长驱直入大脑，深深印刻在大脑皮层之中。此时材料所呈现的顺序、结构以及刺激信息程度的强弱，对于能否在大脑中形成准确清晰的表象，具有十分重要的意义。如果第一次感知不够准确，以后即使重复多次，也难以消除已经造成的模糊印象。

吴老师在呈现“1/2 的新知”时，首先创设“4 ÷ 2”“2 ÷ 2”的情境，然后引出“1 ÷ 2”，而且这些都用圆形纸片来操作，这样不仅更好地将新知识与儿童已有的旧知有效联系起来，而且凭借感性材料逐渐抽象出算式和分数。引出 1/2 后，交流体会不同生活场景中的 1/2，并强调平均分的概念。这样小步伐的前进，看似保守，实则是以儿童的认知实际为科学基础，是非常有效的。

三、利用生成资源，提供变式和反例，升华主题

每位学生都已经认识了 1/2，此时吴老师请学生用正方形纸片或长方形纸片自己折出 1/2。很显然，由于儿童的知识背景和生活背景不尽相同，在自主操作的过程中，可以生发出很多 1/2 的变式和反例。

吴老师在教学过程中，非常智慧地运用了这些变式和反例，使得课程的内容得到升华，课堂的教学效率也得到大幅度提升。

首先我们来说变式：学生在折 1/2 时，出现了很多不同的折法。吴老

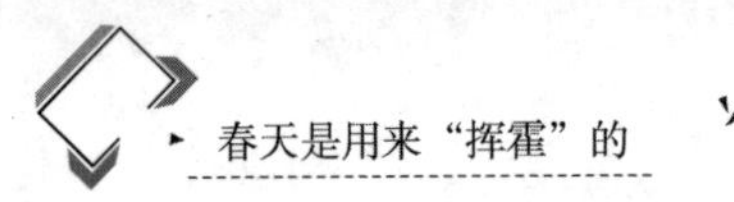

师通过对这些折法分层次地逐步展开和分析，让学生理解：单位“1”的形状大小和折法都不是本质。学生在辨析中充分认识到分数“平均分”的核心意义和分子与分母的实际含义。

其次我们来说反例：在折 1/2 的过程中，有的学生折成了 1/4，吴老师并没有急于否定学生，而是因势利导，不仅分析出 1/4 的图形不是 1/2，而且，从 1/4 出发，引导学生得到 1/2、2/4 与 4/8 相等的关系。这些并不属于本节课的目标，也这样了无痕迹地被吴老师渗透在学习过程中，不但让学生对分数的本质有了更加深刻地认识，也提升了学生的创造力。

要走出误区的不是学生，而是教师

——对一个教育案例的思考

李竹平

我读过一篇题为《成长的误区》的案例，觉得如鲠在喉。案例中的主人公“她”是一名四年级的女生，是老师眼中的“天之骄子”，曾被老师视若珍宝，“她”成绩“出类拔萃”，是班级里的“好孩子”“乖孩子”，更因为父母是“高级知识分子”。由此我们可以看出，老师眼中优秀学生的标准到底是什么了。不得不承认，这也正是现在大多数教师眼中优秀学生的标准，当然也是“奴性教育”和“功利教育”所遵循的优秀学生的标准。用这样的标准来衡量一个学生的成长是走在“康庄大道”上，还是走入了误区，肯定是一个悖论——用走入误区的标准来衡量学生的成长，得到的结论当然就匪夷所思了。然而，就是这样一位“天之骄子”，却因为一封写给老师的信，被老师判定走进了“成长的误区”。原来，这位学生对老师的教育方式提出了质疑，写下了这样一封信——

敬爱的X老师：

您好！

这封信以一个故事开头：美国布什总统在一次记者会上被一个记者提问：“你小时候的学习怎么样？”令记者大吃一惊的是，布什竟然说：“成绩差得很，就因为我有独立思想，所以我当上了总统。我从不死记硬背！”记者又好奇地问：“你们班学习好的同学都干了什么工作？”“他们都去大学当教授了。”填鸭式教育只会让学生形成统一的想法、统一的思维、生硬的一套理论。我们班的郑 XX、王 XX 就是“第二布什”，可以干大事儿。他们很聪明，思维独特、敏捷，请您以适合的、独特的方式教育他们。希拉里以立体的方式读书，从不死记硬背每一个字。由此可见，学习只用记重点，零碎的知识不用记，不用强硬地进行规定！

老师，您平时很爱我们，我们的事儿您都很上心。请您稍微改一下您的教育方式，让我们学得更加愉快、轻松。

——您的学生 XXX

这位老师一看到这封信，就感到“五味杂陈”，徒生无名之火——“我感到震惊，怎么可能呢？她是如此优秀！接着，一股无名火蔓延至我的全身，老师每天精疲力竭地工作，还不是希望你们有一个好成绩，你们怎么可以如此质疑？我的第一想法是把信在班上公开，借助全班的舆论力量批评他们……”好在这股“无名火”被讲究教育手段和方法的老师自己给压下去了，没有把信在班上公开，而是采取了“保护孩子自尊”的高明策略——找信中提到的两个学生调查“真相”，给“她”下达光荣的任务：当老师的小助手，辅导信中提到的其中一位同学，保证在期末时取得好成绩。可想而知，老师的本职工作就是教书育人，也没使这名学生取得“好成绩”，一个四年级的小孩子怎能完成这项“光荣的任务”？最终，老师趁热打铁开班会，取得了完全的胜利，使“她”明白了老师的“良苦用心”，明白了老师的付出是多么辛苦，知道老师所做的都是对的，是为学生的成长着想的。案例中这样描写老师取得的教育成果：“她脸上一种不以为然的神情早已被叹服、愧疚所取代，我不知道她是如何思考的，我相信她是一个聪明的女孩，而我所做的两件不无关联的事儿无疑对她触动不少，如此，我的教育目的也就达到了。”

是啊，这位老师的“教育目的”达到了，又取得了一次教育“战役”的胜利，将学生从“成长的误区”中“拯救”了出来。可这位老师没有意识到的是，与其说是取得了教育的胜利，不如说是走向了彻头彻尾的失败；与其说是将学生从成长的误区拯救了出来，不如说是自己走进了教育的误区并将学生引向了成长的误区。

应该说这位老师是真的很关心学生，是真的希望学生“好”，心中始终有尊重学生的想法，所以才有了谈话，有了班会，有了这用心设计的教育行动。但是，老师这样处心积虑地以成人的心机运用“教育的兵法”，到底要达到什么样的教育目的呢？无它，就是要让学生们都认识到：“天才等于百分之一的聪明加百分之九十九的勤奋”，能明白老师所做的一切都是为学生成长负责。姑且不论这句名言是不是真理，难道我们每一个人要成就的“天才”指的就是考试成绩优秀的人吗？就算考试成绩十分重要，取得成绩都只有通过大量机械练习，认真完成老师布置的作业吗？就算案例中提到的“需要背诵的课文”不仅是取得好成绩的必需，还是成长的必需，那么记熟课文的方法就只有死记硬背这一条路吗？我想，案例中的“她”或许并不是在否定成功需要付出努力，只是朦胧地感觉到，不同的学生应该有不同的学习路径和方法。这是多么宝贵的建议啊，孔子两千多年前就提出了“因材施教”，这已经成为教育的常识了啊，作为教师还有什么可怀疑的呢？如此，这位老师所做的一切是不是为学生的成长负责，就更值得商榷了。首先，在老师的眼里，学生的成长就等于取得“好成绩”，似乎是在为学生着想，实质上是为“好成绩”着想。老师在乎的不是学生作为主体的人本身，而是成绩本身，“分数至上”不知“扼杀”了多少学生乃至老师的创造力。其次，老师对自己的“权威”地位十分敏感，为了维护自己的

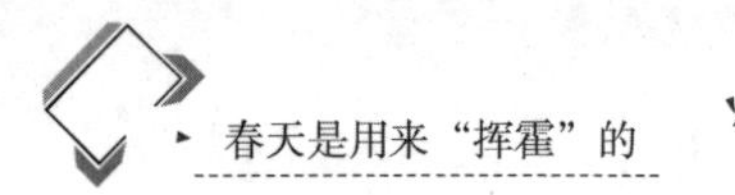

权威形象而策划了一系列针对这位学生的“教育”，既缺乏平等意识，更缺乏对学生的包容和尊重之心。第三，教育应该是反思性的实践活动，这位教师看到学生的信，毫不犹豫地认定学生不理解老师，不尊重老师，走进了成长的误区，而不是自觉地进行自我反思，这种本位思想哪里是对学生负责的表现呢？

作为一个四年级的学生，在信中引用的故事或许不够贴切，但以她小小的年龄对教育就有了自己的认识和思考，是令人欣喜的。这正证明了她在成长，在正常地朝着健全人格全面发展的方向成长。如果硬要说她的成长有“误区”的话，也只是她举的例子还不够“接地气”——她拿布什的故事来说事儿，很难说清自己的想法。当然，作为教育工作者，我们完全可以这样解读布什的故事：他说自己成绩不好，并没有说自己在学校里没有获得成长——成长并不简单地等于成绩好。布什说班上学习好的都到大学当教授去了，有人可能会觉得布什是在炫耀自己，认为总统比教授高人一等。我想，作为总统的他不会有这样简单的想法，更不可能公开发表这样的观点。如果老师能这样来解读学生的信，就不用费如此大的心思与学生玩心机了，而是要反思自己的做法以及秉承的教育理念了。我觉得，老师要是真的是以平等的姿态尊重学生的话，与这样一个有独立思考习惯的孩子开诚布公地聊一聊，虚心地向孩子学习，才是最好的教育选择。

现实中像案例中的这位老师一样的教师有很多，他们抱残守缺痴心不改，将这类走入误区的教育观念奉为圣典，甚至认为这就是为人师表的最高境界，就是无私高尚的教育情怀，就是一心为学生着想。一旦这样的观念和行动受到质疑和挑战，就会感到“震惊”，就会倍感委屈，就会慨叹“人心不古”。

不必讳言，我们的许多教师一开始就走进了教育的误区，追求的不是促进学生全面发展的教育目标，而是学生试卷上的“好成绩”。我们的教育走进这样的误区已经很久了，陷得很深了，所以才导致许多老师被成绩蒙住了双眼，看不到成绩之外对一个人更重要的综合素养，更看不到学生的个性发展和需求。成绩出色，就是优秀学生；成绩不好，就是“差生”；当然，如果学生敢于对老师苦心孤诣追求成绩的倾心付出提出点滴质疑，定然成了“大逆不道”，就是走进了“成长的误区”。如果为师者不能认识到自己走进了教育的误区，摒弃功利主义和狭隘的“师道尊严”，真正为学生的成长负责，那才既是教育的悲哀，也是教师的悲哀。

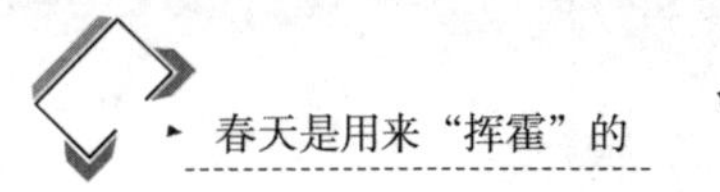

多读一本书的价值

李竹平

我们为什么要阅读，因为我们生而浅薄；教师为什么要不断阅读，因为我们对学生、对教育的理解很浅薄。读过两三本书的人总认为自己知识很丰富，读了一千本书的人却觉得自己很无知。只有当自己觉得无知时，我们才能拥有谦逊的态度，才能用欣赏的眼光看待身边的事物，尤其是我们缺少对成长中的孩子们的了解。

当我们以为自己经验和知识都很丰富时，总认为学生的问题都是态度问题，他们的态度又完全是家庭教育的原因，所以面对不好好学习还总是惹麻烦的学生，我们就会发脾气，甚至疾言厉色，甚至怨天尤人。哪怕像我这样积累了二十多年经验的“成熟”教师，也常常发脾气、心生怨气，心浮气躁，将教育的不如意归结到学生和其他事情上，似乎只有自己没有缺点和责任。

午饭后，级部几位老师常会相约在操场上散步一圈，聊的话题基本都是教育和学生。开始时，我们总是对学生的不积极不上进感到不理解和无奈，埋怨学生和家长。近来我们共读《教育与脑神经科学》后，谈的还是学生，却不再埋怨，而是表示了理解。例如，每个班都有上课注意力涣散，不分上下课不停招惹是非的学生，以前我们想到过这样的学生可能有多动障碍，更多的是将原因归结为家庭教育的缺失和道德认知的偏差。从这本书中我们了解到，患有多动障碍的学生与同龄人相比，脑体积要小3%到4%，虽然这不影响他们的智力，却因为基底神经节和额叶发育滞后，减弱了他们集中注意力和控制情绪的能力。当我们教师觉得不胜其烦时，应该想到他们自身才是最值得同情的受害者。明白了这些，我们就变得心平气和了，会主动寻求适合他们的方式方法进行针对性的教育教学。

班上一名叫松的男孩，白白胖胖，整天乐乐呵呵。他的书写很潦草，错误百出，老师怎么批评教育、悉心引导都不见效果。以前我们觉得是他态度不端正，同时与家庭教育有很大的关系，便要求他一次次重写并约家长谈话——虽然我们听说过书写障碍，也不肯相信这样一个白白胖胖的男孩真的会有这种问题。读过《教育与脑神经科学》，我们语、数、英老师再在一起探讨时，说起他的书写不仅是多一笔少一笔的问题，哪怕他再怎么用心，也无法做到横平竖直、大小一致。知道他在你眼前加倍地努力，却无法取得别人轻松就能取得的书写效果，我们还有什么理由苛责他呢？再遇上他错误百出的书写时，我就心平气和了。

我们常常埋怨学生反复强调要记牢的内容没记住，批评他们不求上进。脑神经科学告诉我们，脑中主管长时记忆的两个结构体（杏仁核和海马）都坐落在脑中的情绪区域。当学生处于负面情绪中，认知记忆是受不良干扰和限制的。我们先将学生批评一顿，再要求他们在多少时间内背熟记忆内容，这就无异于缘木求鱼了。

有时我们还会对学生的自作聪明表示不解，也认为是态度不端正。脑神经科学解释了步入青少年期的学生为什么“虚伪”，这与额叶发展进程和覆盖额叶的髓磷脂有关，是大脑发展进程中的必然产物。正视他们成长中

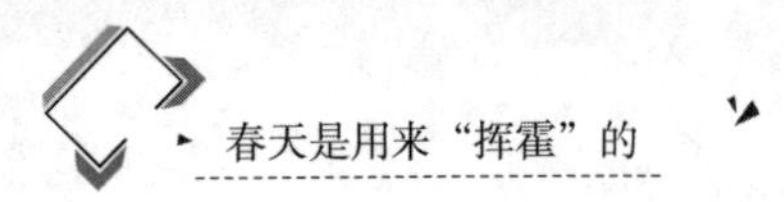

的“虚伪性”并引导他们深入了解现实世界与社会环境，运用各种合适的方式向他们揭示行为与结果的关系，才是正确的教育选择，而非一味地进行道德说教。可我们通常做的，是寄希望于用空洞的问答式教育来帮助学生远离虚伪，未曾想一问一答就是一个演绎口是心非的过程。

做一个心平气和且有智慧的教师，无关教师个人的性格，如果有用心用情作基础，关键就看你对教育和学生理解多少了。对教育和学生的理解不能只靠经验，还要积累相关知识，理解教育的规律，理解学生成长的规律，懂得大脑是怎样学习的。这些研究已经取得了很多成果，我们只需要从书本上“拿来”就能派上用场，不需要自己再去进行实验和探索。我们要做的，就是用心去观察学生、感受学生，对学生的情况进行正确的归因。理解之后，不再苛责，而是用心地陪伴，和风细雨地引导。当我们懂得是大脑本身而非态度、习惯、方法等影响了一个学生的学习成绩时，我们就不应该总盯着他的学科成绩，更该看到他其他方面的进步——教育是指向完整的人的发展，而非考试的成绩，这已是常识——我们常常会忘了这个平凡而伟大的常识。

鲁迅先生在《风筝》一文中谈到，他年轻的时候认为放风筝是没出息的孩子的玩意儿，不仅不允许小弟弟放风筝，还粗暴地将小弟弟偷偷扎的风筝踩扁了。后来人到中年，他从一本外国讲论儿童的书上读到游戏是儿童天性，他的心就“很重很重的堕下去了”。他是多么后悔自己当初的无知，因为他自以为是地扼杀了小弟弟的儿童天性。他决意要“救救孩子”，大概与他不断阅读，从阅读中发现了儿童的秘密有关吧。如果他早就读到那本讲论儿童的书，对渴望放风筝的小弟弟就不会疾言厉色，而是心平气和甚至欣赏了。

我们仅仅多读了一本书，就发现了自己有多么无知，就获得了意想不到的收获。是的，不断阅读的时候，我们会发现，自己不仅对未知领域是无知的，而且对已知的领域也是无知的。阅读往往会警醒我们，时刻相信自己是一个无知者，才能懂得更多，才能用心去理解这个世界是怎样运作的，才能理解学生是怎样学习和成长的。我们阅读着，并因此变得越来越谦逊，我们也渐渐没有了自以为是的脾气和怨气，更因心平气和而成为优雅的教育者。

“我还得思考”

李竹平

围绕“一花一世界”主题展开的多维拓展阅读教学活动快要进入结课阶段了，最后共读的是绘本《花婆婆》。绘本读完之后，大家聚焦一个话题进行讨论：你怎么看花婆婆一生做的三件事？

花婆婆做的第一件事是像她的爷爷一样去很远的地方旅行。孩子们认为这件事的实质是丰富人生经历，是结交更多朋友，是拓宽视野，是探索人生的意义。第二件事是当她老了，像爷爷一样住在海边。小房子、花园、海边，这些事物让孩子们想到“累了，想休息了”，还想到“安顿自己的心灵”。虽然是十一二岁的小孩，对生命旅程的认识，同样是深刻的。

重点讨论的是第三件事——做一件让世界变得更美丽的事。花婆婆做的事是“整个夏天，她的口袋里装满了花种子，她一面散步，一面撒种子”。结果，“第二年春天，那些种子几乎同时都开花了！原野上、山坡上开满了蓝色的、紫色的和粉红色的鲁冰花，它们沿着公路和乡间小路盛开着，明亮地点缀在教室和教堂后面，连空地上和高高的石墙下面，也都开满了美丽的鲁冰花。”为什么要做第三件事呢？对于每一个人来说，“第三件事”到底意味着什么？“让自己的生命更有意义。”这样的答案几乎是不用思考就能给出来的，总让人觉得很空洞。那又能怎样更进一步呢？我问孩子们，难道第一件事和第二件事不是为了“让生命更有意义”吗？

教室里安静了一会儿，大家在思考。这时，有人说了一句话：“反正都是要死的，干吗要做那么多事啊？”说话的是一个快乐的、对什么都抱无所谓态度、有时会摆出一副天真无邪状的大个子男孩。他的话一出口，首先引来一阵哄笑。我觉得这是一个很不错的话题，比我的问题更直接，更值得讨论。“是啊，这个问题问得好，值得我们认真讨论讨论。”

“做这些事能使生命更丰富多彩啊。”显然，回答得最快的，往往最没有说服力。

大个子男孩马上轻飘飘地回应：“反正都得死啊，让生命丰富多彩也得死啊！”

我开玩笑道：“出生的目的就是为了死亡，唉，那就别出生啊！”大家又笑了起来。

“就像花婆婆一样，她做了这三件事后死了也是有价值的，不然就没有意义了。”

“正是因为知道最终会死，所以才要做很多事情啊。”

“是的啊，生命只有一次，而且一定会走向死亡，所以更要珍惜，更要活得有意义。”

“我还想到了一句话：人固有一死，或轻如鸿毛，或重如泰山。”

……

大家七嘴八舌地说开了。我又提出问题：“假如人不会死亡，你还会去做这三件事吗？”

有人摇头，有人把思维发散开来：“那这地球早承受不了了。”

感觉这样的讨论还是很空泛的，我问大个子男孩：“当你吃到甜甜的糖

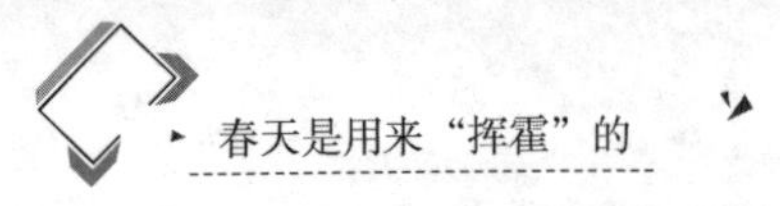

果时，心里是什么滋味？”

“快乐啊。”

“我接着问：当你帮旁边的同学捡起掉在地上的笔呢？”

“没什么啊。”他又表现出一副无所谓的样子。

好吧，看来他是故意迷茫了。暂时搁下，回到《花婆婆》，再联系到“一花一世界”，大家都有了共识：人的一生也如同花的一生，成长，美丽绽放，静静孕育种子，回归土地。每个人都拥有自己的世界，也都和万物一起拥有一个共同的世界……

但是，关于生命的意义，大个子男孩还在迷茫着呢。

课下，他送作业给我看，我笑着问他：“怎么还这么积极呢？”

他毫不犹豫地回答：“我刚才又思考了生命的意义，想明白了。”

因为有家长过来，话题没有继续。

第二天课间，我招呼他：“你是怎么想的呢？”他心领神会：“昨天晚上我又认真思考了这个问题，有了新的想法。我觉得，聪明人都要好好活着，为了使这个世界更加美好，笨人就别活着了。”

“那么你觉得什么样的人属于聪明人，什么样的人属于笨人呢？”

“这个问题还没有想清楚，所以，我还得思考。”

“看来你不明白的问题还多着呢。”

“对啊，只有活着才能慢慢弄明白啊。”他说完，转身走了。

望着他的背影，再和凑过来的几个脑袋互相望望，我们都笑了……

从“老师的气场真大”谈起

李竹平

“李老师的气场真大啊！”我一出现，喧闹的教室马上安静了下来，一个女孩这样感叹了一句。这句感叹引起了我对“教育气场”的思考。

到底什么是气场呢？气场是看不见摸不着但是能让人感觉到的一种精神和心理状态，是一种人格力量和行动品质，能够感染他人于无形。教育是指向心灵的，“教育意味着一棵树撼动另一棵树，一朵云推动另一朵云，一颗心灵唤醒另一颗心灵”，因此，教育是需要气场的。

教育气场有很多种表现形式。一种是人在气场在、人走气场无，是一种没有什么教育价值的气场。这种气场让学生感受到的是压抑，是管束，是忌惮。以拥有这种气场为荣的教师，从行动到气质，都追求居高临下的状态，以威严迫使学生“就范”“听话”。这就是为什么我们经常会看到，有的教室门口总会有几个学生朝教师过来的方向张望，一旦看见了教师的影子，立刻向正在肆无忌惮的同伴们报告。教师来到教室，自然看到的是一派令人欣喜的祥和气象。教师走了呢？毫无疑问，转背就变天，教室陷入一片混乱之中。学生的行为习惯、自我修养，在这样的教育气场下是不被关注的，学生的精神成长是被忽视的，是荒芜的。

我们还见到过一种现象，一些班级总是安安静静规规矩矩，你一定以为是教师摆出了一副威严的面孔待在教室里，却不承想教室里连老师的影子也没有。这时，是不是应该为这个班教师的气场感到震撼了呢？然而事情的真相是这样的，这位老师在班级里建立了严密的“特务”制度，埋伏了一些“眼线”，只要有学生不规矩，就会被打小报告，招来严厉的“惩罚”。原来如此！这样的教育气场是令人恐怖的。在这样的气场下，学生没有任何安全感，一举一动都如履薄冰，这样不利于班级中同学关系的发展。

什么样的气场才是教育所需要的，才是学生真正受益的呢？记得我曾经带过的一个班级，孩子们与我每天都享受着学校里点点滴滴的时光，无论上课下课，在教室里举止有度自自然然，下课时出了教室就扑到我身上，冲进我的办公室，简直是“无法无天”了，但是遇到别的老师，会马上客客气气地打招呼、问好。他们之所以能做到这一点，不可能是依靠“威严”的力量，而是因为我常常陪伴他们，用一颗同理心去理解他们，自己的言行也在不知不觉中影响了他们。

这次遭遇“李老师的气场真大啊”，引起了我进一步的思考：真正具有教育价值的气场应该是身教胜于言传，“润物细无声”胜于“令出必行”的威严，要达到的境界不是“不言自威”，而是“春风化雨”，让孩子的心灵得到润泽。有了这样的气场，教师在教室里时学生是自由的，教师不在教室里时学生是自然的。一个教师气场的优劣，在于教师怎样理解教育，怎样理解生命成长的价值，用自己的气场向学生传达了怎样的教育信息。

我们应该怎样修炼春风化雨的教育气场呢？

一般的认识是，一个教师有了朴实的教育情怀和通达的教育智慧，就足够修炼出春风化雨的教育气场。的确，朴实的教育情怀体现的是真实与真诚，是对学生的理解——同理心是教育真正发生的唯一金钥匙，是学生

“亲其师，信其道”的基础。没有同理心，却以为自己爱教育爱学生，是把一厢情愿当成了心心相印，自己感动自己，但感动不了学生。凡是拥有朴实的教育情怀的教师，都愿意用心走进学生的世界里，读懂他们，理解他们，用同理心与他们相处，学生就会信任教师，教师对教育的追求就会在学生身上得到积极的回应和展现。一个教师具有通达的教育智慧，必然是拥有了娴熟灵动的专业素养，能随时随地采取科学睿智的专业行动，既能使学生受益匪浅、心悦诚服，又让他们感到意味深长、回味无穷。具有通达教育智慧的教师在直接面对学生的教育行为中，能做到想学生之所想，能科学地采取学生乐意接受、直达心灵的方式方法开展教育活动。这样的教育行动中既有真正意义上的理解和尊重，又具有举重若轻的气质和风度，对形成春风化雨式的教育气场具有重要的作用。

一个教师有了朴实的教育情怀和通达的教育智慧，是不是就能够修炼出春风化雨的教育气场了呢？答案是否定的！教育需要感性之“爱”，还需要理性之“规”。人是群体中的存在，群体的和谐离不开规矩，遵守规则是社会正常运转、群体有序交往的基础。一个优秀的教师不仅要懂得这一点，还要身体力行，在与学生的相处中凸显规则意识和契约精神，并用具体的行动对学生进行契约精神的启蒙。如此，春风化雨的教育气场才算基本修炼“圆满”了。

教育行动中的契约精神如何体现？如何让学生切身体验到契约精神的力量和魅力呢？

首先，教师要突破惯性认知和思维，将契约精神落实在班级行动中。由于文化背景和社会传统认知的影响，我们的老师大多濡染以教师为中心的“师道尊严”的思想意识，习惯于以一种居高临下的姿态面对和解决学生学习生活、成长中的问题，容易将学生看成心智并不完整的“小屁孩”，结果将规则意识和契约精神抛诸脑后。例如，很多教师制定班规，单纯地从方便自己管理的角度或者自以为对学生成长有必要性，不征求学生的意

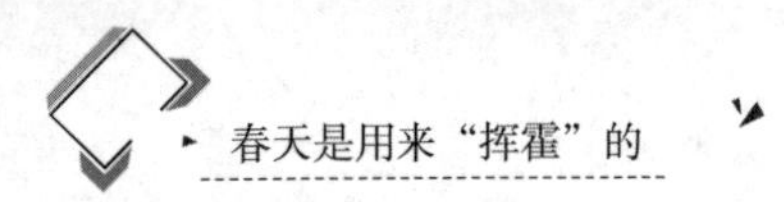

见，就单方面制定出来，张贴在教室里，要求学生不折不扣地遵守执行。契约精神的核心是“双方同意”，这是保障人与人相处能够安全、和谐、有序的根本原则。遵守双方同意的契约，实质上就是对彼此独立性、作为平等“人”的价值的认可，就是真正的相互尊重。显然，教师单方面制定的班规，从一开始就将学生摆在被控制、被要求的从属地位，学生得不到尊重，心中就会有不满情绪，当然不可能创造出春风化雨的教育气场。亚圣孟子说：“君之视臣如手足，则臣视君如腹心；君之视臣如犬马，则臣视君如国人；君之视臣如土芥，则臣视君如寇雠。”彼时的孟子在君臣关系上都强调契约精神，何况我们今天的教师呢！

我们前面提到的教师在班级里建立严密的“特务”制度，埋伏一些“眼线”，这是一种专制的管理思维，与契约精神格格不入。首先，它破坏了“双方同意”原则，没有双方达成的共识而实施的任何行动都是不平等的，是一方对另一方的“欺凌”。学生感受到的是欺凌，怎么可能“亲其师”？其次，它破坏了“信任”前提，没有信任，“信其道”从何谈起？拥有契约精神的教师，一定不会采用这种方式管理班级秩序。

显然，符合契约精神的班规，应该是教师和学生一起讨论、集体酝酿、充分发扬民主精神制定出来的。让全体班级成员参与班级“立规”，既让每个学生成为自主立法者，又是班规的监督对象，不仅如此，教师也应是班规的监督对象之一。同时，符合契约精神的班规制定还要讲究科学的程序，如先让学生每人制定一个班规，然后小组讨论决定，最后由班委会集中大家的智慧进行反复修改，再投票通过，最后才能“颁布施行”，成为大家共同遵守的行为准则。班规的制定合乎民主精神，班规的运用也应该合乎民主精神。教师要避免在一些涉及学生切身利益的事情上绕过班规，由教师任意决断，不然，班规的应有之义，尤其是其体现的契约精神就会荡然无存。

其次，教师要使自己成为维护契约精神的行动引领者。教师身为“传道授业解惑”者，容易凸显“授业解惑”的师者身份，并以此遮盖了“传道”的责任，教育的随意性导致学生在学习生活中无所适从。例如，有的教师对学生提出要求时，会区别对待，理由是有的学生自觉性强，有的学生自觉性差。但是，无论是如何确定自觉性的强与弱，还是这种要求的“双方同意”的依据是什么，都没有经过师生的共同讨论达成共识，这样自然会让学生心中不服。教育的过程中会出现许多意料之外的事情，这时，教师应该做的是组织学生一起讨论如何解决，达成共识后可以以此作为“案例范本”，这也是契约精神的体现。尤其对于个别学生，更应该用契约精神来引领。笔者就遇到过这种情况。班上一位顽皮的男孩，经常闹事闯祸。他每天会带两部手机到学校，趁老师不注意，上课玩游戏或搜索作业答案。我第一次要求他将手机关机并交给我保存，放学后再给他，他不情愿地答应了。第二次，他据理力争：“班上很多人都带了手机，为什么就收我的呢?”学生不一定明白什么是契约精神，但心里是有民主诉求的，教师关注了，合理引导了，规则意识和契约精神就会萌芽。我意识到这一点后，组织了一次小讨论：什么情况下要将手机交给老师保管？这样一来，这位顽皮的学生就不再质疑了，因为老师是在遵守共同约定规则，而不是只针对他的。

当然，规则契约不能只针对学生，在契约面前，教师和学生是平等的。学生因事因病不能上课要请假，教师有事不能上课也要向学生说明；要求学生不能迟到早退，教师就要有时间观念；学生上课不能做与学习无关的事，教师上课接电话就要先征得学生同意；甚至，要求学生多读书，教师也要做一名热爱阅读的人……这些都是学生很容易看在眼里记在心里的，只有教师主动做到了，春风化雨的教育气场的形成才拥有良好的氛围、坚实的心理基础。

再者，教师要将契约精神渗透在学生不易觉察的教育生活细节中。建立在师生双方同意基础上的班规是显性的契约，从制定到遵守自然要充分

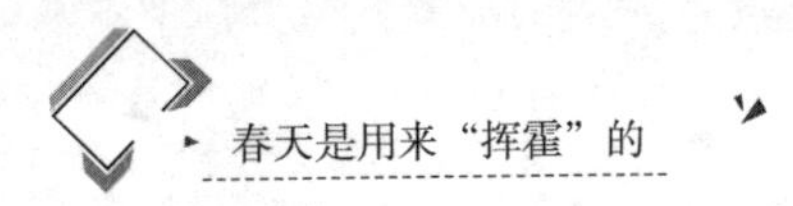

体现对契约的尊重。还有一些隐性的契约，对创造春风化雨的教育气场同样重要。例如，一位二年级的老师，因为没有经过深入调查了解，在学生排练时武断地批评了一个小组的学生，说他们没有按照约定的要求进行戏剧内容的排练。后来，老师发现这个小组并没有罔顾要求，只是老师看到的那一段中没有戏剧主角的戏。这位老师事后不仅单独向这个小组的学生道歉，而且在班级上，当着全班的面再次道歉。为什么要这样做呢？就因为他们有这样的隐性契约——做错了事情要真诚地道歉。这也告诉我们教师，契约精神的渗透和启蒙，需要教师身体力行，在教育生活的细微处都能做出榜样，营造气场。“没有规矩，不成方圆”，规则和契约是世界正常运转的基本保障，对于个体人而言，规则意识和契约精神是民主精神的体现。教师时时处处具有规则意识、体现契约精神，学生就会受到潜移默化的影响，并在身体力行中感受到规则和契约的重要性。

上课有规则，游戏有规则，人与人的相处也有规则，遵守这些规则就是契约精神的体现。从老师身上懂得了这些，学生就会主动学习规则和契约知识，就会积极理解并自觉遵守合理的规则和契约，就会坦坦荡荡地为人处事，达到“从心所欲不逾矩”的境界。同时，学生也会更加尊重这样的教师，被教师的教育气场所感染。

当然，以上所举，只是教师创造春风化雨的教育气场所应具备的能力、素养中的几个关键要素而已，教师还要在各个方面积极锤炼自己。例如，教师应该是善良的。善良是我们经常提倡的团结友爱、热爱自然、珍爱生命等等品质的基石。一个善良的人，常怀悲悯之心，遇事不会疾言厉色，行动总会三思后行。现在熊孩子多，并非他们秉性顽劣，只是天性中的桀骜不驯占了上风。一个常怀善良之心的教师，面对这样的熊孩子，就会有足够的耐心，就会循循善诱，唤醒学生对人、对身边事物、对世界的同理心。善良的人知道“不给别人惹麻烦”是为人处事的底线，这对于学生的道德成长的影响弥足珍贵。教师应该是乐观的。一个乐观的教师，常面带灿烂的微笑，拥有积极的幽默感，鼓励学生勇敢地面对成长中的烦恼，积极克服各种困难，尤其会引导学生积极探索通往成功的不同路径。乐观就会不急不躁，就乐于静待花开，学生就能远离失败的沮丧，逐渐成长为自信的人、豁达的人。

教育是面向人的事业，人的复杂性和人所处环境的复杂性注定了任何强大的教育气场也不可能是万能的，但心怀使命感的教师决不会因此就放弃了教育气场的修炼。

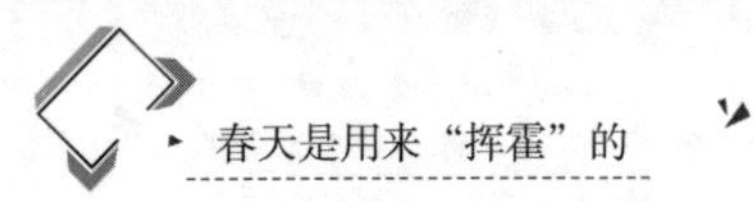

教育是指向未来的

——读《与大数据同行》

李竹平

刚刚读完《与大数据同行》，还没来得及整理思绪，就接到两个QQ信息，一个是自己参与的作文教学研究团队催"故事作文"微课，准备建设作文微课网络平台；一个是一位教育杂志编辑约稿一篇有关微课的思考性文章。作文教学研究团队决定运用微课的形式进行作文指导，是一个多月前开始筹划并着手行动的项目。团队中的老师们已经制作了二十多节微课，我迟迟没有动手，除了手头的确比较忙，另外的原因之一是我没有过制作微课的经历，虽然有课的文本设计，却不知从何处着手制作；还有一个原因是，看过很多微课，且儿子的作业中就有运用微课学习的任务，但我对微课这种形式还没有建立起足够的信任和信心。恰在此时，我读完了《与大数据同行》，开始重新审视自己的行动和态度。

记得有老师在读书群里说，《与大数据同行》并不是一本适合教师共读的书，言下之意是，这本书读与不读，可由教师的兴趣倾向决定，它在当下对教师不具备普遍意义。在教育书籍批量生产的今天，教师该如何在良莠不齐的书籍中做出选择与取舍，的确值得审慎对待。对一本书做出判断，真正拥有发言权应该在亲自读过之后，至于读过之后的判断是否具有参考价值，那又另当别论了。我在读完《与大数据同行》之后的判断是，它是一本值得广大教育者认真读一读的书。这当然是有理由的。

将《与大数据同行》看成是一本介绍大数据如何在教育中得到应用的“教科书”肯定是不对的，它其实是在思考大数据之于学习和教育的意义，思考教育在大数据背景下的未来发展趋势。它的核心是“思考”，而不是“推广与应用”，这使得它的定位超越了“实用”的层次，很自然地促使读者从一个崭新的角度展望学习和教育的未来。

网络和数字化的时代，世界以瞬息万变的速度变化着，现代教育技术的更新同样让人有始料不及之感。当你还在考虑要不要学习制作 PPT 时，有的课堂已经在使用平板电脑进行授课学习了；当你苦于如何整理学生的成长记录袋时，人家已经在着手创建“云学校”了；正如前面提到的，我还在踌躇不前的时候，微课都已经成为儿子的寒假作业了……这样的发展变化对于学习和教育到底意味着什么，仅仅是让学习更便捷吗？还是会给教育带来革命性的变化？《与大数据同行》以一种负责任的态度引领读者一起思考和探讨的，正是这些问题。它用“数据”来说明大数据给学习和教育带来了怎样的新气象，同时也关注大数据教育应用的潜在危害；它通过事实来说明大数据是怎样重塑学习的三个主要特征：反馈、个性化和概率预测，同时指出“我们必须意识到这些见解存在着局限性，并不是百分百正确的”；它认为大数据最终会席卷大中小学，没有哪家教育机构能置身事外，同时引导读者一起思考在大数据时代如何看待世界的复杂性和我们身处的位置。

或许，正如书中指出的，大数据有能力将数据的生成、处理与利用分隔开来——在信息上与教育松绑，这并非一个学校，更非一名教师所能胜任的，需要相关机构的分工合作。据此看来，对于大多数教师，大数据之

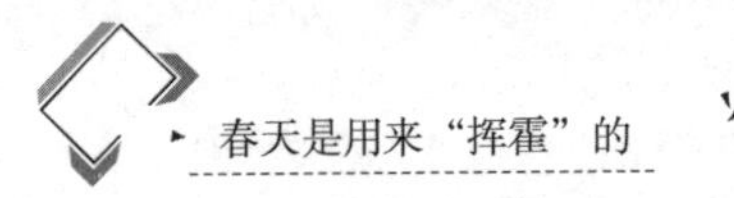

于教育的意义似乎还有一段距离，从意识形态出发的教育决策和以因果关系驱动的教育理论要比大数据现实得多。

教育的目的不在当下，而在未来，无论是针对社会而言，还是针对作为个体的教育对象而言。如果我们不得不承认大数据已经渗透于社会生活的方方面面并以加速度改变着生活模式和状态，那么我们就应该积极面对大数据对教育生活带来的和即将必然带来的变革，唯其如此，我们身处其中的教育才配得上“面向未来”，而不是“故步自封”。

教育的目的是随着社会的发展而演变的。教育是一门科学，科学在发展，社会在发展，教育没理由不随着科学和社会的发展而发展。如果认为坚守一支粉笔一张嘴就是坚守教育的“诗意”，对现代教育技术敬而远之或不屑一顾，那么，当你的学生带着这种“诗意”步入社会时，面对社会发展的快速步伐，将如何处之？大数据来袭，兀自岿然不动，定然不是教育者理智的选择。

在教育现场，我们遇到过许许多多的困惑。为什么给予了同样的辅导，仍然有三分之一的学生在同一道题目上出现相同的错误？我们根据学生呈现出的错误形式主观地判断他们都在同一个关键点上出现了理解偏差，却没法弄清楚他们在解题时每一个进程上的差异，而这细节上的差异才是各自遇到的具体障碍。我们多么希望能够了解每个学生学习中的细节差异啊！一个学生总是惹事，我们调查、了解、观察，掌握了大量的信息，却苦于不能对信息进行科学分析，并采取切实对应的教育措施。我们只能用因果关系来解释教育的可为与不可为，所以经常会用“可能”“也许”来告诉自己和他人：其实我也不是那么肯定和确信。每当这样的时刻，我们没有期待现代教育技术能助一臂之力吗？这样想来，大数据意味着什么，也就不必质疑了。

再回到文章开头提到的微课。反馈、个性化，这不正是微课所追求的教育境界吗？互联网和数字化与学生学习的需要，这两者的不期而遇促成了微课的诞生。我们承认技术的应用不是为了取代传统的学校和课堂教育形式，而是促其做出与时俱进的变革，或对其做些必要的补充，同时也必须认识到，技术的变革不会只存在于技术层面——这是常识。克莱·舍基在《与大数据同行》的序言中指出："决定着教育之未来的，是那些更好地利用大数据来适应学习的组织。"如果新技术有助于教育的发展，有利于教育教学突破传统的环境、地域，使其随时随地可以发生，教师就有理由积极改变思维习惯，让新技术为我所用。大数据的收集、处理、分析等可能需要专门的技术人员来完成，微课的制作和运用却是普通教师就可以胜任的。无论是知识的传授还是技能的训练、方法的习得，传统的课堂教学不可能包打天下，不可能在有限的时间和固定的环境里都得到解决。微课能够突破课堂局限，内容针对性强，且较好地实现一对一教学，充分体现自主学习和个性化学习，何乐而不为呢？当然，微课作为现代教育技术的产物，作为新兴事物，在运用过程中肯定会存在很多值得关注、反思和研究的问题，而这也正是教师自己需要探索和解决的问题，应该成为运用现代教育技术（当然包括大数据）的副产品——在运用和改造中获得快速成长。

好了，既然在"教育是指向未来的"这一点上达成了共识，那就开始行动吧。